Lieblings-
einfach gut Kuchen

20.02.2000

Lieblings-Kuchen

einfach gut

Autorin: Christa Schmedes
Rezeptfotos: Fotos mitgeschmack

Inhalt

Obstkuchen 6

Herrlich fruchtig – Zur Erntezeit verführen frische Früchte zum Reinbeißen. Noch süßeren Genuss versprechen sie in Begleitung saftiger Teige.

Klassiker vom Blech 32

Wie bei Muttern – Blechkuchen sind die heimlichen Stars auf jedem Kuchenbuffet. Die rechteckigen Kuchen waren schon zu Großmutters Zeiten ein Hit und sind es bis heute.

Aus der Form 58

Kuchen in Bestform – Rühren, einfüllen, backen – ein Kinderspiel. Deswegen werden Marmorkuchen & Co. auch häufiger zum Familienkaffee serviert als anderes Gebäck.

Aus aller Welt 82

Süßes international – Französische Apfeltarte, Spanischer Vanillekuchen und Italienische Panettone machen Lust, die große Vielfalt süßer Spezialitäten zu entdecken.

Festtags-Kuchen 108

Für Gäste und Feste – Köstliche Backideen für ganz besondere Kuchen, mit denen Sie Freunde und liebe Gäste eindrucksvoll verwöhnen können.

Tipps und Tricks für Kuchenbäcker 132
Die schönsten Deko-Ideen 138
Register 140
Impressum 144

Obstkuchen

Herrlich fruchtig

Zur Erntezeit verführen frische Früchte zum Reinbeißen. Noch süßeren Genuss versprechen sie in Begleitung saftiger Teige. Für klassisches »Back-Obst« wie Äpfel, Birnen, Kirschen, Pflaumen und Zwetschgen sind die Rezeptideen und -kreationen zur süßen Weiterverarbeitung nahezu grenzenlos.

Aber auch jede andere Frucht hat ihren Reiz: Kaum ein Kuchenfreund wird die alljährliche Beerensaison verstreichen lassen, ohne mindestens ein Stück Erdbeerkuchen oder erfrischende Beerentarte zu essen.

Apfel-Walnusskuchen

Für 1 Springform von 26 cm Ø (8 Stück)
Für den Rührteig:
50 g Butter, 1 Ei
125 g Zucker, 1 Päckchen Vanillezucker
50 ml Milch
50 g Mehl, 1 TL Backpulver
Für den Belag:
450 g mürbe, säuerliche Äpfel (z. B. Boskoop)
4 EL Zitronensaft, 30 g Walnusskerne
Fett für die Backform

1. Backofen vorheizen. Backform fetten. Butter zerlassen. Ei, Zucker und Vanillezucker schaumig rühren. Milch und Butter, dann Mehl und Backpulver unterrühren.

2. Äpfel schälen, vierteln, Kerngehäuse entfernen. Äpfel quer in dünne Scheiben schneiden, mit Zitronensaft mischen. Unter den Teig heben und diesen in die Form füllen. Mit Walnusskernen bestreuen. Bei 175° (Mitte, Umluft 160°) 40 Min. backen. Lauwarm mit Sahne oder Eis servieren.

Zubereitung: 30 Min.
Backzeit: 40 Min.
Pro Stück ca.: 205 kcal

Ananaskuchen

Für 1 Springform von 24 cm Ø (12 Stück)
Für den Belag:
6 Scheiben Ananas (aus der Dose)
1 EL Speisestärke
6 kandierte Kirschen
Für den Rührteig:
100 g Butter, 100 g Zucker
2 Eier, 50 g Mehl
50 g Kokosflocken, 1/2 TL Backpulver
Backpapier und Fett für die Backform

1. Backofen vorheizen. Backform mit Backpapier belegen. Den Rand fetten. Ananasscheiben abtropfen lassen, Saft auffangen, 125 ml abmessen. Butter und Zucker schaumig schlagen. Erst die Eier, dann Mehl, Kokosflocken und Backpulver unterrühren.

2. Speisestärke mit 2–3 EL Ananassaft glatt rühren. Den restlichen Saft erhitzen, Speisestärke einrühren, 1 Min. unter Rühren kochen lassen. In der Form verstreichen. Ananasscheiben darauf verteilen, in der Mitte jeweils mit 1 Kirsche garnieren. Den Teig darauf verteilen. Bei 175° (Mitte, Umluft 160°) 40 Min. backen. Leicht abgekühlt aus der Form lösen, auskühlen lassen.

Zubereitung: 40 Min.
Backzeit: 40 Min.
Pro Stück ca.: 185 kcal

Himbeertarte

Für 1 Tarteform von 28 cm Ø (12 Stück)
Für den Teig:
250 g Mehl, 75 g Puderzucker
150 g kalte Butter in Flöckchen, 1 Ei
Für den Belag:
50 g Zartbitterschokolade
1 reife Avocado, 1 EL Zitronensaft
150 g Frischkäse, 50 g Puderzucker
150 g Sahne, 1 Päckchen Sahnesteif
400 g frische Himbeeren
Fett, Backpapier und Hülsenfrüchte zum Blindbacken
Mehl zum Arbeiten

1. Backofen vorheizen. Backform fetten. Mehl, Puderzucker, Butter und Ei zu einem glatten Teig verkneten. Auf bemehlter Arbeitsfläche ausrollen, die Form damit auskleiden und mit einer Gabel mehrfach einstechen. Mit Backpapier belegen, mit Hülsenfrüchten beschweren. Bei 200° (Mitte, Umluft 180°) 15 Min. backen. Auskühlen lassen.

2. Schokolade im Wasserbad schmelzen und auf den Tortenboden streichen. Das Fruchtfleisch der Avocado mit Zitronensaft, Frischkäse und Puderzucker pürieren. Sahne mit Sahnesteif steif schlagen und unterziehen. Himbeeren verlesen. Creme auf dem Tortenboden verstreichen, mit den Beeren belegen.

Zubereitung: 30 Min.
Backzeit: 15 Min.
Pro Stück ca.: 370 kcal

Mangokuchen

Für 1 Springform von 26 cm Ø (12 Stück)
Für den Rührteig:
2 Eier, 50 g Puderzucker
50 g Mehl
Für den Belag:
3 reife Mangos, 3 TL Puderzucker
300 g Orangenmarmelade
1 EL Orangenlikör (wer mag)
2 EL Mandelblättchen
Fett für die Backform

1. Backofen vorheizen. Backform fetten. Eier mit Puderzucker cremig rühren, Mehl unterheben. Teig in die Form füllen. Bei 175° (Mitte, Umluft 160°) 15–20 Min. backen. Leicht abgekühlt aus der Form lösen.

2. Mangos schälen, Stein auslösen, Fruchtfleisch in Spalten schneiden. 2 TL Puderzucker darüber sieben. Zugedeckt 10 Min. ziehen lassen. Marmelade erhitzen, durch ein Sieb streichen, evtl. mit Orangenlikör verrühren. Die Hälfte auf dem Tortenboden verstreichen, mit Mangospalten belegen, mit der restlichen Marmelade bestreichen. Mandeln mit 1 TL Puderzucker mischen, in einer Pfanne ohne Fett leicht rösten. Kuchenrand damit garnieren.

Zubereitung: 25 Min.
Backzeit: 20 Min.
Pro Stück ca.: 150 kcal

Für 1 Springform von 26 cm Ø
(12 Stück)
Für den Belag:
750 g säuerliche Äpfel (z.B. Boskoop)
2 EL Zitronensaft
1 EL Puderzucker
40 g gehobelte Mandeln
Für den Rührteig:
200 g weiche Butter
200 g Zucker
4 Eier
2 EL Calvados (wer mag)
1 Päckchen Vanillezucker
200 g Mehl
1 TL Backpulver
Fett für die Backform

Versunkener Apfelkuchen

1. Die Äpfel waschen, schälen, vierteln und das Kerngehäuse entfernen. Die Apfelviertel fächerartig einschneiden, mit Zitronensaft mischen.

2. Puderzucker in einer Pfanne ohne Fett schmelzen, die Mandeln untermischen und abkühlen lassen. Den Backofen vorheizen. Die Backform fetten.

3. Butter und Zucker schaumig schlagen. Die Eier einzeln einrühren. Calvados – wer mag – und Vanillezucker einrühren. Mehl mit Backpulver mischen und unterrühren. Den Teig in die Form füllen und kreisförmig mit den Apfelspalten belegen. Die Zwischenräume mit Mandeln bestreuen.

4. Im Ofen bei 175° (Mitte, Umluft 160°) 45 Min. backen. Leicht abgekühlt aus der Form lösen und auf einem Kuchengitter auskühlen lassen.

Zubereitung: 45 Min.
Backzeit: 45 Min.
Pro Stück ca.: 330 kcal

Für 1 Tarteform von 30 cm Ø
(12 Stück)
Für den Blitz-Blätterteig:
200 g Mehl, 2 Prisen Salz
150 g kalte Butter in Flöckchen
Für den Belag:
6 gleich große Äpfel (etwa 600 g)
1 EL Zitronensaft
2 Eigelbe
50 g Puderzucker
150 g Crème fraîche
2 EL Quitten- oder Apfelgelee
Fett für die Backform
Mehl zum Arbeiten

Apfeltarte mit Rahmguss

1. Den Backofen vorheizen. Die Backform fetten, kühl stellen. Mehl mit Salz in eine Schüssel sieben. Butter darauf verteilen, 4–5 EL kaltes Wasser zugeben und rasch zu einem glatten Teig verkneten. Den Teig auf bemehlter Arbeitsfläche dünn ausrollen, die Form damit auskleiden. Kühl stellen.

2. Die Äpfel waschen, schälen, vierteln, das Kerngehäuse entfernen. Die Apfelviertel jeweils in drei Spalten schneiden, mit Zitronensaft mischen. Eigelbe, Puderzucker und Crème fraîche verrühren.

3. Die Creme auf dem Teigboden verstreichen. Die Apfelspalten dachziegelartig, leicht überlappend darauf verteilen. Im Ofen bei 200° (Mitte, Umluft 180°) 20 Min. backen.

4. Das Gelee leicht erwärmen. Die Äpfel damit bestreichen. Den Kuchen in 10 Min. fertig backen. Leicht abgekühlt aus der Form lösen und auf einem Kuchengitter auskühlen lassen.

Zubereitung: 45 Min.
Backzeit: 30 Min.
Pro Stück ca.: 150 kcal

Apfel-Biskuit-Kuchen

Für 1 Springform von 26 cm Ø
(12 Stück)
Für den Biskuit:
3 Eier
1 Prise Salz
90 g Zucker
90 g Mehl
Für den Belag:
750 g Äpfel (z. B. Jonagold)
1 Päckchen Vanille-Puddingpulver (zum Kochen für 500 ml Milch)
450 ml Apfelsaft
2 EL Zucker
250 g Sahne
100 g Magerquark
1 EL Puderzucker
2 EL Eierlikör (wer mag)
Backpapier für die Backform

1. Den Backofen vorheizen. Die Backform mit Backpapier belegen.

2. Die Eier trennen. Die Eiweiße mit Salz steif schlagen. Die Eigelbe mit Zucker schaumig schlagen. Den Eischnee dazugeben, das Mehl darüber sieben und unter die Eigelbcreme heben. Den Teig in die Form füllen. Im Ofen bei 175° (Mitte, Umluft 160°) 15 Min. backen. Leicht abgekühlt aus der Form lösen, das Backpapier abziehen. Auf einem Kuchengitter auskühlen lassen.

3. Die Äpfel waschen, schälen, vierteln, das Kerngehäuse entfernen. Die Apfelviertel quer in dünne Scheiben schneiden. Das Puddingpulver mit etwas Apfelsaft verrühren. Den restlichen Apfelsaft mit dem Zucker aufkochen lassen, das angerührte Puddingpulver einrühren. Die Apfelspalten unterheben und die Creme abkühlen lassen.

4. Den Tortenboden mit einem Tortenring umschließen. Die Apfelcreme darauf verteilen und 2 Std. kühl stellen.

5. Die Sahne steif schlagen. Quark und Puderzucker verrühren. Löffelweise in die Sahne rühren. Die Quarksahne wolkenartig auf dem Kuchen verteilen. Wer mag, kann den Kuchen mit Eierlikör verzieren: in einen Gefrierbeutel geben, ein winziges Loch einstechen und feine Linien auf den Kuchen spritzen.

Variante

Die Apfelfüllung statt mit Apfelsaft mit trockenem Weißwein oder Cidre zubereiten.

Dekotipps

Den Kuchen mit Schokoröllchen oder Mandelblättchen statt mit Eierlikör verzieren.
Den Eierlikör mit einem Teelöffel über die Quarksahne träufeln.

Tipp

Den Kuchen kann man gut vorbereiten: Schon ein bis zwei Tage vor dem Verzehr backen, die Quarksahne jedoch erst kurz vor dem Servieren wolkenartig auf dem Kuchen verteilen.

Zubereitung: 55 Min.
Backzeit: 15 Min.
Kühlzeit: 2 Std.
Pro Stück ca.: 225 kcal

Pfirsichwähe

Für 1 Obstkuchen- oder Springform von 30 cm Ø (12 Stück)
Für den Mürbeteig:
250 g Mehl, 1 Prise Salz
100 g kalte Butter in Flöckchen
50 g Zucker
100 ml Milch
Für den Belag:
1 unbehandelte Zitrone
750 g reife Pfirsiche
200 g Frischkäse
150 g Crème fraîche
50 g Puderzucker
2 kleine Eier
Fett für die Backform
Mehl zum Arbeiten
Puderzucker zum Bestäuben

1. Mehl mit Salz in eine Schüssel sieben. Mit Zucker, Butter und Milch rasch zu einem glatten Teig verkneten. Den Teig in Frischhaltefolie wickeln und 30 Min. kühl stellen.

2. Zitrone waschen, trockenreiben. Schale abreiben, den Saft auspressen. 300 ml Wasser mit Zitronensaft in einem Topf zum Kochen bringen. Pfirsiche mit einer Siebkelle kurz eintauchen, herausnehmen und abtropfen lassen. Die Haut abziehen, die Pfirsiche vierteln und entsteinen. Den Backofen vorheizen. Die Backform fetten.

3. Frischkäse, Crème fraîche, Puderzucker und Zitronenschale cremig rühren. Die Eier einrühren. Mürbeteig auf bemehlter Arbeitsfläche ausrollen, die Form damit auskleiden. Pfirsichviertel darauf verteilen und mit der Frischkäsecreme bedecken. Im Ofen bei 175° (Mitte, Umluft 160°) 40 Min. backen.

4. Leicht abgekühlt aus der Form lösen, noch warm mit Puderzucker bestäuben und auf einem Kuchengitter auskühlen lassen.

Zubereitung: 40 Min.	Kühlzeit: 30 Min.
Backzeit: 40 Min.	Pro Stück ca.: 300 kcal

Orangenkuchen

Für 1 Springform von 26 cm Ø (12 Stück)
Für den Mandelbiskuit:
3 Eier, 100 g Zucker
50 g geschälte gemahlene Mandeln
50 g Mehl
Für den Belag:
1 Päckchen Sahne-Puddingpulver (zum Kochen für 500 ml Milch)
700 ml Orangensaft
4 EL Zucker
5 Orangen
2 EL Puderzucker
200 g Sahne
2 EL Orangenlikör (wer mag)
1 Päckchen klarer Tortenguss
2 EL gehobelte Mandeln
Backpapier für die Backform

1. Den Backofen vorheizen. Die Backform mit Backpapier belegen. Eier mit Zucker in 5 Min. weißcremig rühren. Mandeln und Mehl mischen und unter die Eicreme ziehen. Den Teig in die Form füllen.

2. Im Ofen bei 175° (Mitte, Umluft 160°) 20 Min. backen. Leicht abgekühlt aus der Backform lösen, das Backpapier abziehen. Den Kuchen auskühlen lassen.

3. Das Puddingpulver mit 50 ml Orangensaft verrühren. 400 ml Saft mit 2 EL Zucker erhitzen, das Puddingpulver einrühren, nach Packungsangabe aufkochen und abkühlen lassen.

4. Die Orangen schälen, dabei die weiße Haut entfernen, quer in dünne Scheiben schneiden und mit Puderzucker bestäuben. Die Sahne steif schlagen. Den Orangenpudding löffelweise unterrühren. Den Biskuit rundum mit der Orangencreme bestreichen. Orangenscheiben leicht überlappend darauf legen.

5. Für den Guss den restlichen Orangensaft mit Orangenlikör, Zucker und Tortenguss verrühren, nach Packungsangaben einen Tortenguss kochen. Die Orangenscheiben damit überziehen. Mandeln in einer Pfanne ohne Fett leicht rösten. Den Kuchenrand damit garnieren.

Zubereitung: 45 Min.	
Backzeit: 20 Min.	Pro Stück ca.: 230 kcal

Für 1 Springform von 26 cm Ø
(12 Stück)
Für den Belag:
1 Päckchen Vanille-Puddingpulver (zum Kochen für 500 ml Milch)
450 ml Milch, 2 EL Zucker
100 g weiche Butter
50 g Puderzucker
600 g kleine, frische Erdbeeren
40 g Mandelblättchen
40 g Halbbitterschokolade
2 EL Orangenmarmelade
Für den Knetteig:
100 g weiche Butter
60 g Zucker
1 Eigelb
180 g Mehl
Für den Biskuit:
3 Eier, 1 Prise Salz
120 g Zucker
80 g Mehl
Für den Guss:
250 ml roter Fruchtsaft
2 EL Zucker
1 Päckchen klarer Tortenguss
40 g Mandelblättchen
Backpapier für die Backform
Mehl zum Arbeiten

Tipp

Die Böden können schon am Vortag gebacken werden.

Klassischer Erdbeerkuchen

1. Das Puddingpulver mit etwas Milch anrühren. Die restliche Milch mit Zucker zum Kochen bringen, das angerührte Puddingpulver einrühren, kurz aufkochen lassen. Vom Herd nehmen und auskühlen lassen, dabei ab und zu umrühren, damit sich keine Haut bildet.

2. Den Backofen vorheizen. Die Backform mit Backpapier belegen. Butter und Zucker schaumig schlagen, das Eigelb unterrühren. Mit dem Mehl zu einem glatten Teig verkneten, auf bemehlter Arbeitsfläche ausrollen und in die Backform legen. Mit einer Gabel mehrmals einstechen und 15 Min. bei 175° (Mitte, Umluft 160°) backen. Leicht abgekühlt aus der Form lösen, auf einem Kuchengitter auskühlen lassen.

3. Die Backform erneut mit Backpapier belegen. Für den Biskuit die Eier trennen. Die Eiweiße mit Salz steif schlagen, Zucker und Eigelbe unterrühren. Das Mehl unterziehen. In die Form füllen und 25 Min. (Mitte, Umluft 160°) backen. Etwas abgekühlt aus der Form lösen, das Backpapier abziehen, auskühlen lassen.

4. Die Butter mit Puderzucker schaumig rühren, den abgekühlten Pudding löffelweise unterrühren. Butter und Pudding sollten etwa die gleiche Temperatur haben. Die Buttercreme kühl stellen.

5. Die Erdbeeren waschen, putzen, größere Früchte halbieren. Die Mandeln in einer Pfanne ohne Fett leicht rösten. Die Schokolade in Stücke brechen und im Wasserbad schmelzen lassen, auf den Mürbeteigboden streichen. Den Biskuit darauf legen, mit der Orangenmarmelade bestreichen und rundum mit Buttercreme bestreichen. Mit den Erdbeeren belegen.

6. Für den Guss Fruchtsaft mit Zucker und Tortenguss verrühren, nach Packungsangaben einen Tortenguss kochen und die Erdbeeren damit überziehen. Den Kuchenrand mit Mandelblättchen garnieren.

Varianten

Den Kuchen mit leicht angerösteten Kokosflocken bestreuen und mit frischer Minze garnieren. Aprikosen- oder Erdbeerkonfitüre statt der Orangenkonfitüre verwenden.

Zubereitung: 1 Std. 15 Min.
Backzeit: 40 Min.
Pro Stück ca.: 455 kcal

Für 1 tiefes Backblech (20 Stück)
Für den Rührteig:
150 g Butter
4 Eier
200 g Zucker
200 g Mehl
1 TL Backpulver
2 EL Sahne
Für den Belag:
2 EL Himbeergelee
1 unbehandelte Zitrone
6 Blatt Gelatine
500 g Joghurt (1,5 % Fett)
100 g Puderzucker
200 g Sahne
1,2 kg gemischte Beeren (z. B. Brombeeren, Himbeeren, Heidelbeeren, Johannisbeeren)
Für den Guss:
400 ml roter Fruchtsaft
3 EL Zucker
2 Päckchen klarer Tortenguss
50 g Haselnussblättchen oder gehobelte Mandeln
1 TL Puderzucker
Fett und Mehl für das Blech

Sommerlicher Beerenkuchen

1. Den Backofen vorheizen. Das Backblech fetten, dünn mit Mehl bestäuben. Die Butter zerlassen, abkühlen lassen.

2. Die Eier mit Zucker schaumig rühren. Das Mehl mit Backpulver mischen und unterrühren. Die Sahne und die flüssige Butter unterziehen. Den Teig gleichmäßig auf dem Blech verstreichen.

3. Im Ofen bei 175° (Mitte, Umluft 160°) in 25 Min. goldbraun backen. Etwas abkühlen lassen. Das Gelee glatt rühren und den Kuchen damit bestreichen und auskühlen lassen.

4. Die Zitrone waschen, trockenreiben, die Schale abreiben, den Saft auspressen. Die Gelatine 5 Min. einweichen, ausdrücken und mit 2 EL Joghurt bei geringer Hitze erwärmen bis sie sich löst.

5. Den restlichen Joghurt mit Zitronensaft und -schale und Puderzucker verrühren. 2–3 EL in die Gelatinemasse rühren, dann diese in die Joghurtcreme rühren. Kühl stellen. Die Sahne steif schlagen. Wenn die Joghurtmasse zu gelieren beginnt, löffelweise unter die Sahne rühren. Die Creme auf dem Kuchen verstreichen.

6. Die Beeren sortenweise verlesen, eventuell waschen. Die Beeren abwechselnd in Längsstreifen auf den Kuchen legen. Für den Guss Fruchtsaft mit Zucker und Tortenguss verrühren, nach Packungsangaben einen Tortenguss kochen und die Beeren damit überziehen.

7. Haselnussblättchen oder gehobelte Mandeln mit Puderzucker in einer Pfanne ohne Fett leicht rösten. Etwas abkühlen lassen und den Kuchenrand damit garnieren.

Variante

Für die Creme Fruchtjoghurt statt Naturjoghurt verwenden.
Sie können den Kuchen auch mit anderen Früchten belegen, z. B. mit Aprikosen, Nektarinen und Kirschen.

Tipp

Servieren Sie den Beerenkuchen beim Sommer- oder Gartenfest mit Freunden.
Den Kuchen kann man gut schon einen Tag im Voraus zubereiten. Gut gekühlt aufbewahren.

Zubereitung: 55 Min.
Backzeit: 25 Min.
Kühlzeit: 10 Min.
Pro Stück ca.: 280 kcal

Gedeckter Birnenkuchen

Für 1 Springform von 24 cm Ø
(12 Stück)
Für den Mürbeteig:
200 g Butter
100 g Zucker
1 Ei
300 g Mehl
Für den Belag:
1 kg reife Birnen
2 EL Honig
2 EL Zitronensaft
1 Päckchen Vanillezucker
2 EL gemahlene Hasel- oder Walnüsse
1 EL Pinienkerne
1 EL Puderzucker
Fett und Semmelbrösel für die Backform
Mehl zum Arbeiten

1. Butter und Zucker schaumig schlagen, das Ei einrühren. Mit Mehl rasch zu einem glatten Teig verkneten. Den Teig in Klarsichtfolie wickeln und kühl stellen.

2. Die Birnen schälen, vierteln, das Kerngehäuse entfernen. 125 ml Wasser mit Honig, Zitronensaft und Vanillezucker bei starker Hitze sirupartig einkochen. Vom Herd nehmen, die Birnenviertel 5 Min. darin einlegen. Abtropfen lassen, den Honigsirup dabei auffangen.

3. Den Backofen vorheizen. Die Backform fetten, mit Semmelbrösel ausstreuen. Zwei Drittel des Teiges auf bemehlter Arbeitsfläche ausrollen, in die Form legen und einen etwa 3 cm hohen Rand formen. Die Nüsse auf den Boden streuen, mit Birnenvierteln belegen. Den restlichen Teig dünn ausrollen, auf die Birnen legen. Den Rand leicht andrücken.

4. Im Ofen bei 175° (Mitte, Umluft 160°) 20 Min. backen. Mit dem Honigsirup bestreichen, mit Pinienkernen bestreuen und in 20 Min. fertig backen. Den Birnenkuchen etwas abgekühlt aus der Form lösen und mit Puderzucker bestäuben.

Zubereitung: 45 Min.
Backzeit: 40 Min.
Pro Stück ca.: 310 kcal

Aprikosen-Marzipankuchen

Für 1 Springform von 26 cm Ø
(12 Stück)
Für den Mürbeteig:
200 g Mehl
50 g Zucker
100 g kalte Butter in Flöckchen
1 Ei
Für den Belag:
600 g Aprikosen (ersatzweise aus der Dose)
100 g Puderzucker
200 g Marzipanrohmasse
1 EL Zitronensaft
2 EL Mandellikör (wer mag)
1 Ei
2 EL Aprikosenkonfitüre
Backpapier für die Backform
Mehl zum Arbeiten

1. Den Backofen vorheizen. Die Backform mit Backpapier belegen. Das Mehl in eine Schüssel sieben. Mit Zucker, Butter und Ei rasch zu einem glatten Teig verkneten. Auf bemehlter Arbeitsfläche ausrollen und in die Backform legen. Den Teig mit einer Gabel mehrfach einstechen. Im Ofen bei 200° (Mitte, Umluft 180°) 15 Min. backen.

2. Aprikosen waschen, halbieren, entsteinen und halbieren. Mit 1 EL Puderzucker vermischen. Marzipan klein schneiden, mit dem restlichen Puderzucker, Zitronensaft, wer mag Mandellikör und dem Ei glatt rühren. Die Marzipanmasse auf den Boden streichen, die Aprikosen darauf verteilen.

3. Den Kuchen im Ofen bei 200° (unten, Umluft 180°) noch 15–20 Min. backen, bis die Oberfläche goldbraun ist.

4. Aprikosenkonfitüre erwärmen, durch ein Sieb streichen. Die Aprikosen damit glasieren. Den Kuchen leicht abgekühlt aus der Form lösen, das Backpapier abziehen, auskühlen lassen.

Zubereitung: 50 Min.
Backzeit: 35 Min.
Pro Stück ca.: 290 kcal

Für 1 Springform von 26 cm Ø
(12 Stück)
500 g grüne oder rote Stachelbeeren
1 EL Puderzucker
2 EL gemahlene Mandeln
Für den Marzipan-Rührteig:
100 g Marzipanrohmasse
200 g weiche Butter
100 g Zucker
1 Päckchen Vanillezucker
4 Eier, 1 Prise Salz
250 g Mehl
1 TL Backpulver
Fett für die Backform
Puderzucker zum Bestäuben

Stachelbeerkuchen

1. Die Stachelbeeren putzen, waschen und trockentupfen. Die Beeren mit einer Nadel mehrfach einstechen, damit sie beim Backen nicht aufplatzen. Mit Puderzucker und Mandeln mischen.

2. Den Backofen vorheizen. Die Backform fetten. Marzipan klein schneiden. Mit Butter, Zucker und Vanillezucker cremig rühren. Die Eier trennen. Eigelbe in die Marzipancreme rühren. Eiweiße mit Salz steif schlagen, auf die Creme geben. Mehl mit Backpulver darüber sieben, unterheben. Die Stachelbeeren unterziehen.

3. Den Teig in die Form füllen. Im Ofen bei 175° (Mitte, Umluft 160°) 40 Min. backen. Leicht abgekühlt aus der Form lösen, mit Puderzucker bestäuben und auskühlen lassen.

Tipp

Dieser Stachelbeerkuchen schmeckt am besten, wenn er ganz frisch serviert wird.

Zubereitung: 40 Min.
Backzeit: 40 Min.
Pro Stück ca.: 325 kcal

Für 1 Springform von 26 cm Ø
(12 Stück)
Für den Mürbeteig:
200 g Mehl
100 g Zucker
100 g kalte Butter in Flöckchen
1 Ei
Für den Belag:
750 g Rhabarber
75 g Puderzucker
2 Eier, 1 Prise Salz
150 g Schmand
1 TL Speisestärke
100 g Zucker
Fett und Semmelbrösel für die Backform
Mehl zum Arbeiten

Rhabarberkuchen

1. Das Mehl in eine Schüssel sieben, mit Zucker, Butter und Ei rasch zu einem glatten Teig verkneten. Den Teig zu einer Kugel formen, in Klarsichtfolie wickeln und kühl stellen.

2. Den Rhabarber waschen, dünn schälen und in ca. 2 cm große Würfel schneiden. Mit 1 EL Puderzucker mischen und zugedeckt 20 Min. Saft ziehen lassen.

3. Den Backofen vorheizen. Die Backform fetten, mit Semmelbröseln ausstreuen. Den Teig auf bemehlter Arbeitsfläche ausrollen, in die Form legen, einen 2–3 cm hohen Rand formen. Rhabarber in ein Sieb geben und abtropfen lassen.

4. Die Eier trennen. Eigelbe mit Schmand, dem restlichen Puderzucker und Speisestärke glatt rühren. Rhabarber untermischen. Die Creme auf dem Teig verstreichen.

5. Im Ofen bei 175° (Mitte, Umluft 160°) 25 Min. backen. Inzwischen Eiweiße mit Salz steif schlagen, Zucker einrieseln lassen. Baisermasse mit einem Löffel auf dem Kuchen verteilen. Die Spitzen etwas hochziehen. Den Kuchen in 20 Min. fertig backen.

Zubereitung: 1 Std.
Backzeit: 45 Min.
Pro Stück ca.: 270 kcal

Windbeutel mit Fruchtcreme

Für 16 große Windbeutel
Für den Brandteig:
60 g Butter
1 Prise Salz
150 g Mehl
1 EL Speisestärke
5 kleine zimmerwarme Eier
Für die Füllung:
1 unbehandelte Zitrone
600 g frische Nektarinen (etwa 5 Stück)
100 g Johannisbeeren
50 g Puderzucker
200 g Mascarpone
150 g Sahne
Backpapier für das Blech
Puderzucker zum Bestäuben

Tipps

Statt den Teig mit Löffeln abzunehmen, den Brandteig in einen Spritzbeutel mit gezackter Tülle füllen und mehrere kleine oder einen großen runden Kranz auf ein mit Backpapier ausgelegtes Blech spritzen. Wie beschrieben backen.
Pfirsiche statt der Nektarinen verwenden.
Die Windbeutel oder Eclairs mit Erdbeercreme füllen: 200 g Erdbeeren waschen, fein würfeln, mit 1 EL Puderzucker mischen. 300 g Sahne mit Sahnesteif steif schlagen und die Erdbeerstückchen unterziehen.
Die Windbeutel kann man gut auf Vorrat backen und einfrieren. Zum Auftauen bei 160° 5 Min. aufbacken.

1. Den Backofen vorheizen. 250 ml Wasser mit Butter und Salz zum Kochen bringen. Mehl mit Stärke mischen, auf einmal hineinschütten und rühren, bis sich ein Teigkloß bildet und eine dünne weiße Schicht auf dem Topfboden zu sehen ist. Den Topf vom Herd nehmen und etwas abkühlen lassen.

2. 4 Eier einzeln einrühren und immer so lange rühren, dass wieder eine geschmeidige Masse entsteht. Der fertige Teig soll weich und glänzend sein und schwer reißend vom Löffel fallen. Wenn dies noch nicht der Fall ist, das fünfte Ei einrühren.

3. Das Backblech mit Backpapier belegen. Mit 2 Esslöffeln Teighäufchen mit 5 cm Abstand darauf setzen. Im Ofen bei 220° (Mitte, Umluft 200°) in 20–25 Min. goldbraun backen. Während des Backens den Ofen nicht öffnen, damit die Windbeutel nicht zusammenfallen. Den Ofen ausschalten und die Windbeutel bei geöffneter Ofentür noch 5 Min. trocknen lassen. Herausnehmen, mit einer Schere aufschneiden und auskühlen lassen.

4. Die Zitrone waschen, trockenreiben. Den Saft auspressen, die Schale abreiben. Die Nektarinen waschen, halbieren und entsteinen. 2 Nektarinenhälften halbieren und quer in dünne Scheiben schneiden. Die Johannisbeeren waschen, trocken tupfen. Nektarinenspalten und Johannisbeeren mit etwas Puderzucker bestäuben.

5. Die verbliebenen Nektarinen würfeln, mit dem restlichen Puderzucker und Zitronensaft pürieren. Mascarpone und Zitronenschale unterrühren. Sahne steif schlagen und unterheben.

6. Jeweils einen Klecks Creme auf die untere Hälfte der Windbeutel geben. Mit Nektarinenspalten und Johannisbeeren garnieren. Die Windbeuteldeckel locker aufsetzen und mit Puderzucker bestäuben.

Variante

Eclairs mit Beerencreme
Für 16 Eclairs den Brandteig wie beschrieben zubereiten. In einen Spritzbeutel mit gezackter Tülle füllen und 16 Streifen von 10 cm Länge auf ein mit Backpapier ausgelegtes Blech spritzen.
20–25 Min. backen wie beschrieben. Mit einer Schere aufschneiden und ausdampfen lassen.
Für die Füllung 50 g weiße Schokolade mit 2–3 EL von 150 g Sahne schmelzen und etwas abkühlen lassen. 200 g Magerquark mit der Schokosahne, 30 g Puderzucker und 1 TL abgeriebener Limettenschale cremig rühren.
Übrige Sahne mit 1 Päckchen Sahnesteif steif schlagen und unterheben. 300 g gemischte Beeren (z. B. Brombeeren, Himbeeren, Johannisbeeren) verlesen und unter die Creme heben.
Die Eclairs unmittelbar vor dem Servieren mit der Beerencreme füllen und mit Puderzucker bestäuben.

Zubereitung: 1 Std. 15 Min.
Backzeit: 25 Min.
Pro Stück ca.: 200 kcal

Für 1 Tarteform von 30 cm Ø
(12 Stück)
500 g rote Johannisbeeren
Für den Rührteig:
150 g Butter
3 Eier
200 g Puderzucker
50 g geschälte gemahlene Mandeln
100 g Mehl
40 g gehobelte Mandeln
2 TL Puderzucker
Fett für die Backform

Schnelle Johannisbeertarte

1. Den Backofen vorheizen. Die Backform fetten. Die Johannisbeeren waschen und von den Rispen streifen. Einige schöne Rispen für die Garnitur beiseite legen.

2. Die Butter zerlassen. Die Eier mit Puderzucker cremig rühren. Mandeln, Mehl und die flüssige Butter unterrühren.

3. Den Teig in die Form füllen. Die Johannisbeeren darauf verteilen. Im Ofen bei 175° (Mitte, Umluft 160°) 20 Min. backen. Mandeln mit 1 TL Puderzucker mischen und auf der Tarte verteilen. In 10 Min. fertig backen.

4. Die Tarte etwas abkühlen lassen. Mit den Johannisbeerripsen garnieren und mit dem restlichen Puderzucker bestäuben.

Zubereitung: 30 Min.
Backzeit: 30 Min.
Pro Stück ca.: 270 kcal

Für 1 Springform von 24 cm Ø
(12 Stück)
Für den Mürbeteig:
200 g Mehl
50 g Zucker
100 g kalte Butter in Flöckchen
1 Ei
Für den Belag:
500 g rote Johannisbeeren
3 Eiweiße
1 Prise Salz
1 Päckchen Vanillezucker
150 g Zucker
50 g geschälte gemahlene Mandeln
50 g gehackte Mandeln
Fett für die Backform
Mehl zum Arbeiten
Puderzucker zum Bestäuben

Johannisbeerkuchen mit Mandelbaiser

1. Den Backofen vorheizen. Die Backform fetten. Mehl in eine Schüssel sieben, mit Zucker, Butter und dem Ei rasch zu einem glatten Teig verkneten. Den Teig auf bemehlter Arbeitsfläche ausrollen, in die Backform legen und einen 3 cm hohen Rand formen. Kühl stellen.

2. Die Johannisbeeren waschen und von den Rispen streifen. Die Eiweiße mit Salz steif schlagen, Vanillezucker und die Hälfte des Zuckers einrieseln lassen. Den restlichen Zucker mit den gemahlenen und gehackten Mandeln unter den Eischnee heben. Die Johannisbeeren unter die Hälfte der Baisermasse ziehen, gleichmäßig auf dem Mürbeteigboden verteilen.

3. Im Ofen bei 175° (Mitte, Umluft 160°) 20 Min. backen. Das restliche Baiser mit einem Löffel wolkenartig auf dem Kuchen verteilen. In 20 Min. fertig backen.

4. Den Ofen ausschalten. Den Kuchen noch 10 Min. bei leicht geöffneter Backofentür darin stehen lassen. Leicht abgekühlt aus der Form lösen und mit Puderzucker bestäuben.

Zubereitung: 40 Min.
Backzeit: 40 Min.
Pro Stück ca.: 265 kcal

Für 1 Springform von 26 cm Ø
(12 Stück)
Für den Rührteig:
4 Scheiben Toastbrot
100 ml Milch
1 kg frische, vollreife Kirschen
6 Eier, 1 Prise Salz
200 g weiche Butter
200 g Zucker
50 g Sahne
150 g gemahlene Mandeln
1/3 TL Zimt
1 Prise Nelken
2 EL Kirschwasser (wer mag)
50 g Puderzucker zum Bestäuben
Fett und Semmelbrösel für die Backform

Rosas feiner Kirschkuchen

1. Das Toastbrot in kleine Würfel schneiden. Die Milch erhitzen und über die Brotwürfel gießen. Die Kirschen waschen, in einem Sieb abtropfen lassen.

2. Den Backofen vorheizen. Die Backform fetten und mit Semmelbröseln ausstreuen.

3. Die Eier trennen. Die Eiweiße mit Salz steif schlagen. Butter und Zucker schaumig schlagen, Sahne und Eigelbe unterrühren.

4. Das eingeweichte Toastbrot leicht ausdrücken, mit Mandeln, Zimt, Nelken und Kirschwasser – wer mag – unter den Teig rühren. Zunächst die Kirschen, dann den Eischnee unterheben.

5. Den Teig in die Form füllen. Im Ofen bei 175° (Mitte, Umluft 160°) 1 Std. 15 Min. backen. Leicht abgekühlt aus der Form lösen, auf einem Kuchengitter auskühlen lassen. Vor dem Servieren mit Puderzucker bestäuben.

Tipp

Das Toastbrot in Weißwein statt in Milch einweichen.

Variante

Kirschmichel
Den Backofen vorheizen. Eine runde oder eckige Auflaufform oder eine Tarteform fetten.
125 g Mehl mit 250 ml Milch verrühren. 2 Eier und 40 g flüssige Butter unterrühren. Den Teig in die Form gießen. 500 g frische, entsteinte Kirschen oder gut abgetropfte Kirschen aus dem Glas darauf verteilen.
Den Kirschmichel bei 220° (Mitte, Umluft 200°) in 15–20 Min. goldbraun backen. Herausnehmen, dick mit Puderzucker bestäuben.
Bei dieser Variante brauchen Sie keine Angst vor Überraschungsgästen zu haben: Der Kirschmichel ist ganz schnell zubereitet und schmeckt am besten warm mit Schlagsahne oder 1 Kugel Vanilleeis.
Oder servieren Sie dazu eine schnelle Vanillecreme: 200 g Sahne mit Bourbon Vanillezucker steif schlagen. 150 g saure Sahne oder Créme fraîche und 1 EL Puderzucker unterziehen.

Zubereitung: 50 Min.
Backzeit: 1 Std. 15 Min.
Pro Stück ca.: 395 kcal

Pflaumenkuchen

Für 1 Tarteform von 30 cm Ø
(12 Stück)
Für den Quark-Ölteig:
200 g Magerquark
6 EL Milch, 8 EL ÖL
100 g Zucker
1 Ei
400 g Mehl
1 TL Backpulver
Für den Belag:
1,5 kg Pflaumen
1 Eiweiß, 30 g Zucker
1 TL abgeriebene Zitronenschale
50 g gemahlene Haselnüsse
250 ml Apfelsaft
2 EL Zucker
1 Päckchen klarer Tortenguss
Fett für die Form
Mehl zum Arbeiten

1. Die Backform fetten. Quark, Milch, Öl, Zucker und Ei cremig rühren. Mehl und Backpulver mischen, die Hälfte unter die Quarkcreme rühren, die andere Hälfte rasch unterkneten. Den Teig auf bemehlter Arbeitsfläche ausrollen, in die Backform legen, kühl stellen.

2. Die Pflaumen waschen, entsteinen und vierteln. Das Eiweiß steif schlagen, Zucker und Zitronenschale einrieseln lassen. Die Haselnüsse unterziehen.

3. Den Backofen vorheizen. Das Nussbaiser auf dem Teig verstreichen. Die Pflaumen mit der Schnittfläche nach oben darauf verteilen. Im Ofen bei 200° (Mitte, Umluft 180°) 30–35 Min. backen.

4. Für den Guss Apfelsaft mit Zucker und Tortenguss verrühren, nach Packungsangaben einen Tortenguss kochen und den leicht abgekühlten Pflaumenkuchen damit überziehen.

Zubereitung: 45 Min.
Backzeit: 35 Min.
Pro Stück ca.: 350 kcal

Zwetschgenkuchen mit Walnuss-Streuseln

Für 1 Backblech (16 Stück)
Für den Hefeteig:
150 ml Milch
300 g Mehl
1 Päckchen Trockenhefe
50 g Zucker
1 Ei
50 g weiche Butter in Flöckchen
Für den Belag und die Nussstreusel:
2 kg Zwetschgen
180 g Butter
100 g Mehl
180 g Zucker
100 g gemahlene Wal- oder Haselnüsse
Fett für das Blech
Mehl zum Arbeiten

1. Die Milch leicht erwärmen. Mehl und Trockenhefe in einer Schüssel mischen. Mit Zucker, Milch, Ei und Butter rasch zu einem glatten Teig verkneten. Zugedeckt an einem warmen Ort 30 Min. aufgehen lassen.

2. Die Zwetschgen waschen, halbieren, entsteinen und an der spitzen Seite einkerben. Die Butter bei geringer Hitze schmelzen, abkühlen lassen. Mehl, Zucker und Nüsse mischen, die Butter dazugeben und mit dem Knethaken des Rührgeräts oder mit den Händen zu Streuseln verarbeiten.

3. Das Backblech fetten. Den Hefeteig erneut verkneten. Auf der bemehlten Arbeitsfläche ausrollen, auf das Blech legen. Die Zwetschgen dachziegelartig darauf verteilen. Zugedeckt an einem warmen Ort 10 Min. gehen lassen.

4. Den Backofen vorheizen. Die Streusel über die Zwetschgen streuen. Im Ofen bei 200° (Mitte, Umluft 180°) 35 Min. backen.

Zubereitung: 40 Min.
Backzeit: 35 Min.
Ruhezeit: 45 Min.
Pro Stück ca.: 360 kcal

Klassiker vom Blech

Wie bei Muttern

Blechkuchen sind die heimlichen Stars auf jedem Kuchenbuffet. Neben Torten und Kuchen aus der Form wirkt das flache Backwerk zwar oft ein wenig unscheinbar, doch meist bleibt kein Krümelchen übrig.

Ob aus Hefe-, Quark-Öl- oder Rührteig, ob mit Quark, Mohn, Früchten oder Streuseln, gebackenem oder frischem Belag – der Genuss im Rechteck war schon zu Großmutters Zeiten ein Hit! Und die saftigen Varianten aus den Backstuben von heute knüpfen nahtlos an diesen Erfolg an.

Kirsch-Sandkuchen

Für 1 Backblech (20 Stück)
Für den Rührteig:
200 g weiche Butter
250 g Zucker
5 Eier
250 g Mehl
100 g Speisestärke
1 TL Backpulver
Für den Belag:
2 Gläser Sauerkirschen (à 700 g Inhalt)
150 g Puderzucker
2 EL Zitronensaft
Fett fürs Blech

1. Backofen vorheizen. Backblech fetten. Kirschen in einem Sieb abtropfen lassen. Butter und Zucker schaumig schlagen. Eier einzeln einrühren. Mehl, Speisestärke und Backpulver unterrühren.

2. Den Teig auf dem Blech verstreichen. Kirschen darauf verteilen. Im Ofen bei 175° (unten, Umluft 160°) 25–30 Min. backen. Auskühlen lassen. Puderzucker mit Zitronensaft zu einer dickflüssigen Glasur verrühren, den Kuchen damit glasieren.

Tipp: Statt den Kuchen zu glasieren, können Sie ihn auch mit einem Hauch Puderzucker bestäuben.

Zubereitung: 25 Min. Backzeit: 30 Min.	Pro Stück ca.: 260 kcal

Blitznusskuchen

Für 1 Backblech (20 Stück)
Für den Rührteig:
200 g weiche Butter, 200 g Zucker
1 Päckchen Vanillezucker
2 EL Mandellikör (ersatzweise Mandelsirup)
4 Eier
300 g Mehl
1 TL Backpulver
Für den Belag:
100 g Haselnussblättchen
30 g Zucker
30 g Butter
Fett fürs Blech

1. Backofen vorheizen. Backblech fetten. Butter, Zucker, Vanillezucker und Mandellikör schaumig schlagen. Eier einzeln einrühren. Mehl und Backpulver unterrühren.

2. Den Teig auf dem Backblech verstreichen. Im Ofen bei 175° (Mitte, Umluft 180°) 10 Min. backen. Die Haselnussblättchen mit dem Zucker mischen, auf den Kuchen streuen. Mit Butterflöckchen belegen und den Kuchen in 15–20 Min. fertig backen.

Zubereitung: 20 Min. Backzeit: 30 Min.	Pro Stück ca.: 240 kcal

Apfel-Karamell-kuchen

Für 1 Backblech (20 Stück)
Für den Quark-Blätterteig:
200 g Magerquark, 200 g Mehl
1 Prise Salz, 200 g kalte Butter
Für den Belag:
750 g säuerliche Äpfel
60 g Butter, 60 g Zucker
100 g Sahne, 1 EL Mehl
Puderzucker zum Bestäuben
Fett fürs Blech, Mehl zum Arbeiten

1. Backblech fetten. Quark auspressen. Mehl, Salz, Quark und Butter in Flöckchen rasch zu einem glatten Teig verarbeiten. Auf bemehlter Arbeitsfläche dünn ausrollen, auf das Blech legen, kühl stellen.

2. Backofen vorheizen. Äpfel schälen, halbieren, das Kerngehäuse entfernen. Auf der Rohkostreibe nicht zu fein hobeln. Butter zerlassen, mit Zucker, Sahne und Mehl kurz aufkochen und 2 Min. köcheln lassen. Die Apfelschnitze untermischen. Die Masse auf dem Teigboden verteilen. Im Ofen bei 175° (Mitte, Umluft 180°) 30 Min. backen. Den abgekühlten Kuchen mit Puderzucker bestäuben.

Zubereitung: 30 Min.
Backzeit: 30 Min.
Pro Stück ca.: 190 kcal

Aprikosen-Schmand-Kuchen

Für 1 Backblech (20 Stück)
Für den Belag:
2 Dosen Aprikosen (à 820 g Inhalt)
2 EL Aprikosenkonfitüre
Für den Rührteig:
250 g weiche Butter, 200 g Zucker
4 Eier, 200 g Schmand
100 g gehackte Mandeln
50 g fein gehacktes Orangeat
350 g Mehl, 1 TL Backpulver
Puderzucker zum Bestäuben
Fett fürs Blech

1. Backofen vorheizen. Backblech fetten. Aprikosen abtropfen lassen. Butter und Zucker schaumig schlagen. Eier, Schmand, Mandeln und Orangeat unterrühren. Mehl mit Backpulver mischen, unterrühren.

2. Den Teig auf dem Blech verstreichen. Aprikosen mit der Wölbung nach unten darauf verteilen. Im Ofen bei 175° (Mitte, Umluft 180°) 35–40 Min. backen. Aprikosenkonfitüre erwärmen. 5 Min. vor Ende der Backzeit die Aprikosen damit bestreichen. Den Kuchen noch warm mit Puderzucker bestäuben.

Zubereitung: 20 Min.
Backzeit: 40 Min.
Pro Stück ca.: 310 kcal

Mohn-Aprikosenkuchen

Für 1 Backblech (16 Stück)
Für den Quark-Öl-Teig:
200 g Magerquark
100 g Zucker
6 EL Milch
8 EL Öl
1 Ei
400 g Mehl
1 Päckchen Backpulver
Für den Belag:
2 Dosen Aprikosen (à 820 g Inhalt)
50 g Butter
2 Päckchen Mohn-Back (à 250 g)
2 EL Aprikosenkonfitüre
Fett fürs Blech
Mehl zum Arbeiten

1. Den Backofen vorheizen. Das Backblech fetten. Den Quark leicht auspressen, mit Zucker, Milch, Öl und Ei verrühren. Das Mehl mit Backpulver mischen, eine Hälfte unter den Teig rühren, die andere Hälfte unterkneten. Den Teig auf bemehlter Arbeitsfläche ausrollen und auf das Blech legen.

2. Die Aprikosen in einem Sieb abtropfen lassen. Die Butter zerlassen und mit dem Mohn-Back verrühren. Die Mohnmischung auf dem Teigboden verstreichen. Die Aprikosenhälften mit der Wölbung nach oben darauf verteilen.

3. Im Ofen bei 200° (Mitte, Umluft 180°) 40 Min. backen. Etwas abkühlen lassen. Die Aprikosenkonfitüre erwärmen. Die Aprikosen noch warm damit glasieren.

Zubereitung: 40 Min.
Backzeit: 40 Min.
Pro Stück ca.: 310 kcal

Heidelbeer-Quarkkuchen

Für 1 Backblech (20 Stück)
Für den Knetteig:
200 g weiche Butter
100 g Zucker
2 Eier
50 g Haferflocken
350 g Mehl
Für den Belag:
600 g frische Heidelbeeren
1 Päckchen Vanillezucker
100 g weiche Butter
150 g Zucker
3 Eier
750 g Magerquark
1 Päckchen Vanille-Puddingpulver (zum Kochen für 500 ml Milch)
1 EL Zitronensaft
2 EL Hartweizengrieß
Puderzucker zum Bestäuben
Fett fürs Blech
Mehl zum Arbeiten

1. Den Backofen vorheizen. Das Backblech fetten. Butter und Zucker schaumig schlagen, die Eier unterrühren. Haferflocken mit Mehl mischen, eine Hälfte unter den Teig rühren, die andere Hälfte unterkneten. Den Teig auf bemehlter Arbeitsfläche ausrollen, auf das Blech legen.

2. Die Heidelbeeren verlesen, vorsichtig waschen, abtropfen lassen. Mit dem Vanillezucker mischen.

3. Butter und Zucker schaumig schlagen. Zunächst die Eier, dann Quark, Puddingpulver, Zitronensaft und Grieß unterrühren. Die Hälfte der Quarkcreme auf dem Teig verstreichen. Die Heidelbeeren darauf verteilen und mit der restlichen Quarkcreme bedecken.

4. Im Ofen bei 175° (Mitte, Umluft 160°) in 50 Min. goldbraun backen. Abkühlen lassen und mit Puderzucker bestäuben.

Zubereitung: 50 Min.
Backzeit: 50 Min.
Pro Stück ca.: 320 kcal

Streuselkuchen

Für 1 Backblech (20 Stück)
Für den Hefeteig:
350 g Mehl
1 Prise Salz
20 g Hefe
150 ml lauwarme Milch
50 g Zucker
100 g weiche Butter in Flöckchen
1 Ei
Für die Streusel:
250 g Mehl
200 g Zucker
1 Päckchen Vanillezucker
200 g Butter
150 g Sahne
Fett fürs Blech
Mehl zum Arbeiten

1. Das Mehl mit Salz in eine Schüssel sieben, eine Vertiefung hineindrücken. Die Hefe zerbröckeln, mit 2 EL Milch verrühren, in die Vertiefung gießen und mit etwas Mehl verrühren. Zugedeckt 15 Min. gehen lassen.

2. Mit der restlichen Milch, Zucker, Butter und Ei zu einem glatten Teig verkneten. Zugedeckt an einem warmen Ort 30 Min. aufgehen lassen.

3. Den Backofen vorheizen. Das Backblech fetten. Mehl, Zucker und Vanillezucker mischen. Butter in Flöckchen dazugeben und zu Streuseln verarbeiten.

4. Den Hefeteig erneut verkneten, auf bemehlter Arbeitsfläche ausrollen, auf das Blech legen. Mit 2 EL Sahne bestreichen. Die Streusel darauf verteilen. Im Ofen bei 200° (Mitte, Umluft 180°) 25 Min. backen. Die restliche Sahne mit einem Löffel auf die Streusel träufeln. In 10 Min. fertig backen.

Zubereitung: 35 Min.
Ruhezeit: 45 Min.
Backzeit: 35 Min.
Pro Stück ca.: 300 kcal

Mandelkuchen

Für 1 tiefes Backblech (16 Stück)
Für den Hefeteig:
500 g Mehl
1 Prise Salz
1 Würfel Hefe (42 g)
250 ml lauwarme Milch
80 g Zucker
150 g weiche Butter in Flöckchen
1 Ei
Für den Belag:
100 g Butter
100 g Zucker
2 EL Waldhonig
100 g Sahne
250 g gehobelte Mandeln
150 g Aprikosenkonfitüre
Fett fürs Blech
Mehl zum Arbeiten

1. Das Mehl mit Salz in eine Schüssel sieben, eine Vertiefung hinein drücken. Die Hefe zerbröckeln, mit 2 EL Milch und 1 TL Zucker verrühren, in die Vertiefung gießen und mit etwas Mehl verrühren. Zugedeckt 15 Min. gehen lassen.

2. Mit der restlichen Milch, Zucker, Butter und Ei zu einem glatten Teig verkneten. Zugedeckt an einem warmen Ort 30 Min. aufgehen lassen.

3. Den Backofen vorheizen. Das Backblech fetten. Butter mit Zucker, Honig und Sahne unter Rühren kurz aufkochen lassen. Mandeln untermischen. Beiseite stellen.

4. Hefeteig erneut verkneten, auf bemehlter Arbeitsfläche ausrollen, auf das Blech legen. Aprikosenkonfitüre erwärmen, auf den Teig streichen. Gleichmäßig mit der Mandelmasse bedecken. Im Ofen bei 200° (Mitte, Umluft 180°) in 35 Min. goldbraun backen.

Zubereitung: 45 Min.
Ruhezeit: 45 Min.
Backzeit: 35 Min.
Pro Stück ca.: 430 kcal

Für 1 Backblech (16 Stück)
Für den Mürbeteig:
350 g Mehl
1 TL Backpulver
75 g Zucker
150 g kalte Butter in Flöckchen
1 Ei
50 ml Milch
Für den Belag:
1 kg frische Sauerkirschen (ersatzweise 2 Gläser Kirschen à 700 g Inhalt)
500 ml Kirschsaft
40 g Speisestärke
1/2 Zimtstange
50 g Zucker
2 EL Mandellikör (wer mag)
Für die Streusel:
180 g Butter
150 g Mehl
100 g gemahlene Mandeln
50 g gehackte Mandeln
180 g Zucker
Fett fürs Blech
Mehl zum Arbeiten

Kirschkuchen mit Mandelstreuseln

1. Das Mehl mit Backpulver mischen und in eine Schüssel sieben. Mit Zucker, Butter, Ei und Milch rasch zu einem glatten Teig verarbeiten. Den Teig in Klarsichtfolie wickeln und 20 Min. kühl stellen.

2. Die Kirschen entstielen, waschen und entsteinen. Die Speisestärke mit 4 EL Kirschsaft anrühren. Den übrigen Saft mit Zucker und der Zimtstange erhitzen. Die Stärke einrühren, unter Rühren aufkochen lassen. Die Kirschen dazugeben, erneut kurz aufkochen lassen und vom Herd nehmen. Die Zimtstange herausnehmen und – wer mag – den Mandellikör unterrühren.

3. Den Backofen vorheizen. Das Backblech fetten. Für die Streusel die Butter zerlassen und abkühlen lassen. Mehl mit Mandeln und Zucker mischen, die Butter dazugeben und mit den Händen oder mit den Knethaken des Handrührgeräts zu Streuseln verarbeiten.

4. Den Teig auf bemehlter Arbeitsfläche ausrollen und auf das Blech legen. Die Kirschmasse gleichmäßig darauf verstreichen. Mit den Streuseln gleichmäßig bedecken. Im Ofen bei 175° (Mitte, Umluft 160°) 40 Min. backen.

Varianten

Den Kuchen können Sie auch mit frischen Pflaumen oder Mirabellen zubereiten: die Früchte waschen, entsteinen und mit 1 Päckchen Vanillezucker bestreuen. Auf den ausgerollten Mürbeteig geben. Mandelstreusel darüber verteilen. Für die Streusel können Sie statt der Mandeln auch gemahlene Haselnüsse oder Walnüsse verwenden.
Die Streusel gelingen auch mit Weizenvollkornmehl sehr gut.

Zubereitung: 45 Min.
Backzeit: 40 Min.
Pro Stück ca.: 460 kcal

Joghurt-Grießkuchen

Für 1 Backblech (20 Stück)
Für den Teig:
150 g Butter
1 unbehandelte Zitrone
4 Eier
400 g griechischer Joghurt (10% Fett)
250 g Zucker
350 g Hartweizengrieß
1 TL Backpulver
150 g Honig
Puderzucker zum Bestäuben
Fett und Semmelbrösel fürs Blech

1. Den Backofen vorheizen. Das Backblech fetten und mit Semmelbröseln bestreuen.

2. Die Butter zerlassen. Die Zitrone heiß waschen, trockenreiben. Die Schale abreiben und den Saft auspressen. Die Eier trennen. Die Eiweiße steif schlagen, den restlichen Zucker einrieseln lassen.

3. Den Joghurt mit 200 g Zucker, den Eigelben und Zitronenschale verrühren. Grieß und Backpulver mischen, mit der Butter unter den Teig rühren. Den Eischnee unterheben. Den Teig auf dem Blech verstreichen.

4. Im Ofen bei 175° (Mitte, Umluft 160°) 35 Min. backen. Honig und Zitronensaft unter Rühren erhitzen, auf den warmen Kuchen streichen. Den Grießkuchen leicht abgekühlt in Stücke schneiden, mit Puderzucker bestäuben.

Tipp

Statt griechischen Joghurt können Sie auch jeden anderen stichfesten Joghurt verwenden – oder gut abgetropften Vollmilchjoghurt.

Zubereitung: 25 Min.
Backzeit: 35 Min.
Pro Stück ca.: 230 kcal

Ananas-Kokoskuchen

Für 1 Backblech (20 Stück)
Für den Rührteig:
4 Eier
250 g Zucker
300 g Kokosmilch (aus der Dose)
1/3 TL Kardamompulver
1/3 TL Zimtpulver
400 g Mehl
2 TL Backpulver
100 g Kokosflocken
1 Dose Ananasscheiben (820 g Inhalt)
1 Päckchen Vanillezucker
Fett fürs Blech

1. Den Backofen vorheizen. Das Backblech fetten. Die Eier mit Zucker, Kokosmilch, Kardamom und Zimt verrühren. Mehl, Backpulver und 60 g Kokosflocken mischen und unter die Eimasse rühren.

2. Ananas in einem Sieb abtropfen lassen. In Viertel schneiden. Den Teig auf dem Blech verstreichen und mit den Ananasstücken belegen.

3. Im Ofen bei 175° (Mitte, Umluft 160°) 20 Min. backen. Die restlichen Kokosflocken mit Vanillezucker mischen und auf den Kuchen streuen. In 15 Min. fertig backen.

Tipp

Den Ananas-Kokoskuchen kann man gut auf Vorrat backen: Nach dem Backen abkühlen lassen, in Quadrate schneiden und portionenweise einfrieren.
Vor dem Servieren den Backofen auf 150° vorheizen, und die Kuchenstücke etwa 10 Min. im Ofen auftauen lassen.

Zubereitung: 40 Min.
Backzeit: 35 Min.
Pro Stück ca.: 190 kcal

Für 1 Backblech (16 Stück)
Für den Rührteig:
200 g Zartbitterkuvertüre
75 g Sahne
6 Eier
1 Prise Salz
150 g Zucker
200 g gemahlene Mandeln
100 g Mehl
3 EL Aprikosenkonfitüre
Für den Guss:
100 g Zartbitterkuvertüre
50 g Puderzucker
30 g Butter
Fett und Semmelbrösel fürs Blech

Schokoladenschnitten

1. Den Backofen vorheizen. Das Backblech fetten und mit Semmelbröseln bestreuen.

2. Die Schokolade in Stücke brechen, mit der Sahne erhitzen und bei schwacher Hitze schmelzen lassen.

3. Die Eier trennen. Die Eiweiße mit Salz steif schlagen, 50 g Zucker einrieseln lassen. Die Eigelbe mit dem restlichen Zucker und der Schokoladensahne cremig rühren. Zunächst die Mandeln, dann den Eischnee und das Mehl vorsichtig unterheben.

4. Den Teig gleichmäßig auf dem Backblech verstreichen. Im Ofen bei 175° (unten, Umluft 160°) 40 Min. backen. Die Aprikosenkonfitüre erwärmen und den noch warmen Kuchen damit bestreichen.

5. Für den Guss die Kuvertüre in Stücke brechen. 75 ml Wasser mit Puderzucker in einem Topf unter Rühren aufkochen lassen. Die Schokolade darin schmelzen lassen, die Butter unterrühren. Den Kuchen gleichmäßig mit dem Schokoladenguss überziehen. 1 Std. kühl stellen, bis der Guss fest ist.

Varianten

Statt Mandeln können Sie 150 g Kokosflocken verwenden.
Und wenn's mal schnell gehen soll: Statt den Schokoguss selbst zuzubereiten, können Sie auch Schokoladenglasur aus dem Backregal im Supermarkt verwenden.
Sie können die Schokoladenschnitten auch ganz ohne Mehl backen: Die Mandelmenge von 200 g auf 300 g erhöhen. Auf diese Weise wird der Kuchen ohne Aufwand glutenfrei.

Tipp

Diese Schokoladenschnitten lassen sich prima vorbereiten. Sie schmecken auch nach zwei bis drei Tagen noch wunderbar frisch.

Zubereitung: 30 Min.
Backzeit: 40 Min.
Kühlzeit: 1 Std.
Pro Stück ca.: 310 kcal

Russischer Zupfkuchen

Für 1 Backblech (20 Stück)
Für den Knetteig:
250 g weiche Butter
200 g Zucker
2 Eier
450 g Mehl
2 TL Backpulver
3 EL Kakaopulver
Für den Belag:
100 g Butter
750 g Magerquark
200 g Puderzucker
1 EL Zitronensaft, 3 Eier
1 Päckchen Vanille-Puddingpulver (zum Kochen für 500 ml Milch)
Fett fürs Blech
Mehl zum Arbeiten

1. Butter und Zucker schaumig schlagen. Die Eier unterrühren. Mehl mit Backpulver und Kakaopulver mischen, eine Hälfte unter den Teig rühren, die andere Hälfte unterkneten.

2. Den Backofen vorheizen. Das Backblech fetten. Zwei Drittel des Teiges auf bemehlter Arbeitsfläche ausrollen, auf das Blech legen.

3. Die Butter zerlassen. Quark mit Puderzucker, Zitronensaft, Eiern und Puddingpulver cremig rühren. Die Butter unterziehen.

4. Die Creme auf dem Teig verstreichen. Den restlichen Teig in kleine Stücke zupfen und auf der Quarkmasse verteilen. Im Ofen bei 175° (Mitte, Umluft 160°) 35–40 Min. backen.

Zubereitung: 35 Min.
Backzeit: 40 Min.
Pro Stück ca.: 340 kcal

Hefekuchen mit Apfelrahmguss

Für 1 tiefes Backblech (16 Stück)
Für den Hefeteig:
75 g Butter
350 g Mehl
1 Prise Salz
1 Päckchen Trockenhefe
50 g Zucker
200 ml lauwarme Milch
Für den Belag:
750 g säuerliche Äpfel (z. B. Boskoop, Cox Orange)
2 EL Zitronensaft
2 Eier
100 g weiche Butter
100 g Zucker
1 EL Sahne-Puddingpulver
300 g Sahne
Fett fürs Blech
Mehl zum Arbeiten

1. Die Butter zerlassen. Mehl, Salz und Trockenhefe mischen. Mit Zucker, Milch und Butter zu einem glatten Teig verkneten. Den Teig so lange schlagen, bis er sich vom Schüsselrand löst und Blasen wirft. Zugedeckt 20 Min. an einem warmen Ort aufgehen lassen.

2. Den Backofen vorheizen. Das Backblech fetten. Die Äpfel waschen, schälen, vierteln, Kerngehäuse entfernen. Die Apfelviertel quer in schmale Spalten schneiden oder auf der Rohkostreibe nicht zu fein raspeln. Mit Zitronensaft mischen.

3. Eier trennen. Butter und Zucker schaumig schlagen. Puddingpulver und Eigelbe unterrühren. Eiweiße und Sahne getrennt steif schlagen, unter die Buttermischung ziehen. Die Apfelspalten unterheben.

4. Den Hefeteig auf bemehlter Arbeitsfläche ausrollen, auf das Blech legen. Die Apfelmischung darauf verteilen. Im Ofen bei 200° (Mitte, Umluft 180°) 35–40 Min. backen.

Zubereitung: 40 Min.
Backzeit: 40 Min.
Pro Stück ca.: 300 kcal

Birnen-Gitterkuchen

Für 1 Backblech (16 Stück)
Für den Quark-Knetteig:
400 g Mehl, 1 Prise Salz
1 TL Backpulver
200 Magerquark
150 g Zucker
200 g kalte Butter in Flöckchen
Für den Belag:
2 kg reife Birnen
4 EL Honig
2 EL Zitronensaft
1 Päckchen Vanillezucker
100 g gehackte Walnüsse
Puderzucker zum Bestäuben
Fett fürs Blech
Mehl zum Arbeiten

1. Das Mehl mit Salz und Backpulver in eine Schüssel sieben. Den Quark leicht auspressen, mit Zucker und Butter verrühren. Zum Mehl geben und rasch zu einem glatten Teig verarbeiten. Den Teig in Frischhaltefolie wickeln und 30 Min. kühl stellen.

2. Die Birnen schälen, vierteln, Kerngehäuse entfernen. 250 ml Wasser mit Honig, Zitronensaft und Vanillezucker in 3 Min. bei starker Hitze einkochen lassen. Die Birnen mit dem Honigsirup mischen. Den Backofen vorheizen. Das Backblech fetten.

3. Zwei Drittel des Teiges auf bemehlter Arbeitsfläche ausrollen, auf das Blech legen. Die Birnen abtropfen lassen, den Honigsirup auffangen und mit den Walnüssen verrühren. Den Teig mit Birnen belegen, die Walnussmasse darauf verteilen.

4. Den restlichen Teig ausrollen, in schmale Streifen schneiden und als Gitter über den Kuchen legen. Im Ofen bei 175° (Mitte, Umluft 160°) 30 Min. backen. Abkühlen lassen und mit Puderzucker bestäuben.

Zubereitung: 45 Min.
Backzeit: 30 Min.
Ruhezeit: 30 Min.
Pro Stück ca.: 340 kcal

Trautels Eierschecke

Für 1 tiefes Backblech (16 Stück)
Für den Hefeteig:
400 g Mehl, 1 Prise Salz
1 Päckchen Trockenhefe
150 ml lauwarme Milch
50 g Zucker
1 Ei
1 EL Magerquark
Für den Belag:
50 g Butter
50 g gehobelte Mandeln
100 g Rum-Rosinen
1 Päckchen Vanille-Puddingpulver (zum Kochen für 500 ml Milch)
500 ml Milch
4 Eier
50 g Butter
50 g Zucker
250 g Magerquark
Puderzucker zum Bestäuben
Fett fürs Blech, Mehl zum Arbeiten

1. Mehl, Salz und Hefe mischen. Mit Milch, Zucker, Ei und Quark rasch zu einem glatten Teig verkneten. Zugedeckt an einem warmen Ort 30 Min. aufgehen lassen.

2. Den Backofen vorheizen. Das Backblech fetten. Den Hefeteig auf bemehlter Arbeitsfläche ausrollen, auf das Blech legen. Die Butter zerlassen und den Teig damit bestreichen. Mit Mandeln und Rosinen bestreuen. Zugedeckt an einem warmen Ort 20 Min. gehen lassen.

3. Das Puddingpulver mit 4 EL Milch verrühren. Die übrige Milch erhitzen, das Puddingpulver einrühren, nach Packungsangabe aufkochen und abkühlen lassen.

4. Die Eier trennen. Die Eiweiße steif schlagen. Butter, Zucker, Eigelbe und Quark cremig rühren. Den Pudding löffelweise unterrühren, den Eischnee unterheben. Die Creme auf dem Kuchen verstreichen. Im Ofen bei 175° (Mitte, Umluft 160°) 40 Min. backen. Nach dem Abkühlen dick mit Puderzucker bestäuben.

Zubereitung: 1 Std.
Backzeit: 40 Min.
Ruhezeit: 30 Min.
Pro Stück ca.: 270 kcal

Für 1 Backblech (20 Stück)
Für den Rührteig:
300 g weiche Butter
300 g Zucker
2 Eier
2 Eigelbe
2 TL Kakaopulver
1/2 TL Zimtpulver
1/3 TL Nelkenpulver
2 EL Kirschwasser (wer mag)
300 g gemahlene Mandeln
300 g Mehl
Für den Belag:
500 g Himbeerkonfitüre
1 Ei
1 EL Milch
Mehl zum Arbeiten

Tipp

Die Linzer Schnitten kann man gut auf Vorrat backen. Denn sie schmecken noch besser, wenn sie einige Tage durchziehen können: Wickeln Sie sie zur Aufbewahrung in Alu- oder Klarsichtfolie oder legen Sie die Schnitten in eine gut verschließbare Dose. Dann schmecken sie auch noch nach ein bis zwei Wochen.

Linzer Schnitten

1. Butter und Zucker schaumig schlagen. Zunächst die Eier und Eigelbe, dann Kakao, Zimt, Nelken, Kirschwasser – wer mag – und Mandeln unterrühren. Mit dem Mehl zu einem glatten Teig verkneten.

2. Den Backofen vorheizen. Das Backblech fetten.

3. Zwei Drittel des Teiges auf bemehlter Arbeitsfläche 2 cm dick ausrollen. Auf das Blech legen und gleichmäßig mit der Himbeerkonfitüre bestreichen. Den restlichen Teig in 2 cm breite Streifen schneiden und diese gitterartig auf den Kuchen legen.

4. Das Ei mit Milch verquirlen. Das Teiggitter damit bestreichen. Im Ofen bei 175° (Mitte, Umluft 160°) 35–40 Min. backen.

Variante

Statt Himbeerkonfitüre schmecken auch Johannisbeer- und Quittengelee oder Hagebuttenkonfitüre sehr gut.

Variante

Linzer-Torte
Für 1 Springform (26 cm Ø):
250 g Mehl, 250 g gemahlene Mandeln, 250 g Zucker, 1 TL Kakaopulver, 1/2 TL Zimtpulver und 1/3 TL Nelken mischen. In die Mitte eine Vertiefung drücken, 4 Eigelbe und 250 g Butter in Flöckchen hineingeben. Alles zu einem glatten Teig verarbeiten. Den Backofen vorheizen. Die Backform fetten.
Zwei Drittel des Teiges auf bemehlter Arbeitsfläche 2 cm dick ausrollen, in die Form legen. 300 g Himbeerkonfitüre oder Johannisbeergelee darauf verstreichen. Den restlichen Teig ausrollen. Einen 2 cm breiten Streifen ausschneiden. Den Rest mit einem Teigrädchen oder Messer in 1 cm breite Streifen schneiden. Die Torte gitterartig damit belegen. Den breiteren Streifen wie einen Ring außen herumlegen, leicht andrücken.
1 Eigelb mit 1 EL Milch verquirlen. Das Teiggitter und den Rand damit bestreichen. Den Kuchen im Ofen bei 175° (Mitte, Umluft 160°) 40 Min. backen.

Zubereitung: 30 Min.
Backzeit: 40 Min.
Pro Stück ca.: 390 kcal

Für 1 Backblech (16 Stück)
Für den Teig:
500 g Möhren
1 unbehandelte Orange
200 g gemahlene Mandeln
200 g gemahlene Haselnüsse
8 Eier, 1 Prise Salz
300 g Zucker
2 EL Kirschwasser (wer mag)
100 g Mehl
1 TL Backpulver
Für die Glasur:
200 g Puderzucker
5 EL lauwarme Milch
16 Marzipanmöhrchen (fertig gekauft, Backwarenabteilung)
Fett und Semmelbrösel fürs Blech

Möhrenschnitten

1. Die Möhren waschen, schälen und auf der Gemüsereibe fein raspeln. Die Orange waschen, gut trocknen, die Schale abreiben, den Saft auspressen. Möhrenraspel, Orangenschale, Mandeln und Haselnüsse mischen.

2. Den Backofen vorheizen. Das Backblech fetten, mit Semmelbröseln bestreuen. Die Eier trennen. Die Eiweiße mit Salz steif schlagen. Eigelbe und Zucker schaumig schlagen. Orangensaft, Kirschwasser und die Möhrenmischung unterrühren. Eischnee dazugeben, Mehl mit Backpulver darüber sieben und unterheben.

3. Den Teig gleichmäßig auf dem Blech verstreichen. Im Ofen bei 175° (Mitte, Umluft 160°) 45 Min. backen.

4. Den Puderzucker mit der Milch glatt rühren. Den abgekühlten Kuchen damit glasieren und mit den Marzipanmöhrchen verzieren.

Tipp

Den Kuchen mit 200 g Schokoladen-Fettglasur statt mit Puderzuckerglasur überziehen.

Zubereitung: 1 Std.
Backzeit: 45 Min.
Pro Stück ca.: 380 kcal

Für 1 Backblech (16 Stück)
Für den Rührteig:
2 unbehandelte Zitronen
250 g weiche Butter
200 g Zucker
5 Eier
300 g Mehl
100 g Speisestärke
1 TL Backpulver
Für die Glasur:
250 g Puderzucker
2 EL lauwarme Milch
Fett fürs Blech

Zitronenkuchen

1. Den Backofen vorheizen. Das Backblech fetten. Die Zitronen heiß waschen, trockenreiben. Die Schale abreiben, den Saft auspressen. 2 EL Zitronensaft für die Glasur beiseite stellen.

2. Butter und Zucker schaumig schlagen. Die Eier einzeln, dann Zitronenschale und den restlichen Saft unterrühren. Mehl, Speisestärke und Backpulver mischen und unterrühren. Den Teig auf dem Blech verstreichen. Im Ofen bei 175° (Mitte, Umluft 160°) 35 Min. backen.

3. 150 g Puderzucker und Zitronensaft zu einem zähflüssigen Guss verrühren, evtl. etwas Wasser hinzufügen. Den abgekühlten Kuchen damit glasieren.

4. 100 g Puderzucker mit der Milch zu einer dickflüssigen Glasur verrühren. In einen Gefrierbeutel füllen, mit dem Zahnstocher ein winziges Loch einstechen und feine Linien auf den Kuchen spritzen.

Zubereitung: 30 Min.
Backzeit: 35 Min.
Pro Stück ca.: 340 kcal

Donauwellen

Für 1 Backblech (16 Stück)
Für den Belag:
2 Gläser Sauerkirschen
(à 700 g Inhalt)
1 Päckchen Vanille-Puddingpulver
(zum Kochen für 500 ml Milch)
500 ml Milch
2 EL Zucker
100 g Puderzucker
2 EL Eierlikör (ersatzweise Sahne)
2 Tropfen Bittermandelöl
Für den Rührteig:
250 g Butter
200 g Zucker
1 Päckchen Vanillezucker
6 Eier
350 g Mehl
1 TL Backpulver
3 EL Milch
2 EL Kakao
Für den Guss:
75 g Kokosfett
100 g Vollmilchschokolade
100 g Noisetteschokolade
1 EL Kakaopulver zum Bestäuben
Fett fürs Blech

1. Den Backofen vorheizen. Das Backblech fetten. Die Kirschen in einem Sieb abtropfen lassen.

2. Butter, Zucker und Vanillezucker schaumig schlagen. Die Eier einzeln unterrühren. Mehl mit Backpulver mischen und unterrühren. Die Hälfte des Teiges auf das Backblech streichen. Die andere Hälfte mit Milch und Kakaopulver verrühren. Gleichmäßig auf dem hellen Teig verstreichen.

3. Die Kirschen darauf verteilen. Im Ofen bei 175° (Mitte, Umluft 160°) 40 Min. backen. Abkühlen lassen.

4. Inzwischen das Puddingpulver mit 100 ml Milch und dem Zucker verrühren. Die übrige Milch erhitzen, das Puddingpulver einrühren, nach Packungsangabe aufkochen und abkühlen lassen. Puderzucker, Eierlikör und Bittermandelöl unterrühren.

5. Den abgekühlten Kuchen mit der Puddingcreme bestreichen und 1 Std. kühl stellen.

6. Für den Schokoladenguss das Kokosfett und die Schokolade in kleine Stücke brechen, im Wasserbad unter Rühren schmelzen lassen. Leicht abkühlen lassen und den Kuchen damit gleichmäßig überziehen. Creme und Schokoladenguss sollten sich möglichst nicht vermischen.

7. Mit einer Gabel wellenförmige Linien in den Schokoladenguss ziehen. Fest werden lassen. Den Kuchen mit Kakaopulver bestäuben.

Zubereitung: 1 Std.
Backzeit: 40 Min.
Kühlzeit: 1 Std. 30 Min.
Pro Stück ca.: 490 kcal

Varianten

Den Schokoladenguss kann man auch mit Halbbitterschokolade oder Zartbitterkuvertüre zubereiten. Das verleiht den Donauwellen gleich ein anderes Aroma.
Die Vanillecreme wird noch feiner, wenn Sie 200 g steif geschlagene Sahne unterziehen.
Für **Schneewittchenkuchen** den Kuchen wie beschrieben backen. Dann aber nicht mit Schokoladenguss bestreichen, sondern 2 Päckchen roten Tortenguss mit 500 ml Kirschsaft nach Packungsangaben zubereiten und gleichmäßig auf dem Kuchen verteilen.

Für 1 Backblech (20 Stück)
Für den Hefeteig:
500 g Mehl
1 Prise Salz
1 Würfel Hefe (42 g)
250 ml lauwarme Milch
60 g Zucker
80 g Butter
1 Ei
1 Eigelb
Für den Belag:
1 kg säuerliche Äpfel (z. B. Boskoop, Cox Orange)
2 EL Zitronensaft
40 g Rosinen
40 g Mandelstifte
30 g Butter
3 EL Quitten- oder Apfelgelee
Fett fürs Blech
Mehl zum Arbeiten

Hefeblechkuchen mit Früchten

1. Mehl mit Salz in eine Schüssel sieben, in die Mitte eine Vertiefung drücken. Die Hefe zerbröckeln, mit 2 EL Milch und 1 TL Zucker verrühren, in die Vertiefung gießen, mit etwas Mehl verrühren. Zugedeckt 15 Min. gehen lassen.

2. Die Butter zerlassen, mit der restlichen Milch, Zucker, Ei und Eigelb zu der Hefe-Mehl-Mischung geben. Mit einem Holzlöffel gründlich verrühren. Danach den Teig kräftig kneten, bis er glatt und elastisch ist und sich vom Schüsselrand löst. Zugedeckt an einem warmen Ort weitere 25–30 Min. aufgehen lassen, bis sich sein Volumen verdoppelt hat.

3. Die Äpfel schälen, halbieren, die Kerngehäuse entfernen und die Apfelhälften in schmale Spalten schneiden. Sofort mit dem Zitronensaft vermischen.

4. Den Backofen vorheizen. Das Backblech fetten. Den Hefeteig kurz verkneten, auf bemehlter Arbeitsfläche ausrollen, auf das Blech legen. Die Äpfel darauf verteilen. Die Rosinen waschen, gut trocknen, mit den Mandelstiften mischen und auf dem Kuchen verteilen. Zugedeckt noch 10 Min. gehen lassen.

5. Den Kuchen mit Butterflöckchen bestreuen. Im Ofen bei 200° (Mitte, Umluft 180°) 30 Min. backen. Quitten- oder Apfelgelee erwärmen und den noch heißen Kuchen damit bestreichen.

Variante

Für **Mirabellen-Streuselkuchen** 1 kg Mirabellen waschen und entsteinen.
Je 200 g Mehl, Zucker und Butter und 1 TL Vanillezucker mit den Händen rasch zu Streuseln verarbeiten. Den Hefeteig wie beschrieben zubereiten, ausrollen, auf das Blech legen. Mirabellen darauf geben und die Streusel darauf verteilen.
Anstatt Mirabellen eignen sich auch Stachelbeeren oder in kleine Stücke geschnittener Rhabarber.

Varianten

Für **Pflaumen-oder Zwetschgenkuchen** 2,5 kg Pflaumen oder Zwetschgen waschen und entsteinen. Den Hefeteig wie beschrieben zubereiten, ausrollen, auf das Blech legen. 3 EL Zucker mit 1 TL Zimt mischen und mit der Hälfte den Hefeteig bestreuen. Mit den Früchten belegen. Nach dem Backen mit dem restlichen Zimtzucker bestreuen.
Für **Quittenkuchen** 800 g gelbe Birnenquitten schälen, halbieren, entkernen und in Spalten schneiden. 250 ml Wasser mit 3 EL Honig, 1/2 Zimtstange und 2 Nelken aufkochen. Quittenspalten darin 20 Min. ziehen lassen. Den Hefeteig wie beschrieben zubereiten, ausrollen, auf das Blech legen. Die Quittenspalten abtropfen lassen. 3 Eiweiße steif schlagen, 100 g Zucker einrieseln lassen. 100 g gemahlene Haselnüsse und 100 g zerbröselte Löffelbiskuits unterheben. Die Masse auf dem Teig verstreichen. Quitten dachziegelartig auf die Füllung geben und backen. Den Kuchen noch heiß mit 2 EL Quittengelee oder Aprikosenkonfitüre bestreichen.

Zubereitung: 1 Std.	Ruhezeit: 1 Std.
Backzeit: 30 Min.	Pro Stück ca.: 205 kcal

Aus der Form

Kuchen in Bestform

Die Zubereitung von Kuchen aus der Form ist wirklich unkompliziert: Alle Zutaten verrühren, in die Form füllen, backen, abkühlen lassen – und genießen. Klar kann man die schön aufgegangenen Backergebnisse noch verzieren oder füllen, aber wirklich notwendig ist das eigentlich nur selten.

Bei so wenig Aufwand für lecker saftige und lockere Ergebnisse ist es kein Wunder, dass Marmorkuchen, Gugelhupf & Co. häufiger zum Familienkaffee serviert werden als jedes andere Gebäck.

After eight-Kuchen

Für 1 Herzform von 1 l (12 Stück)
Für den Rührteig:
200 g weiche Butter
200 g Zucker
1 Päckchen Vanillezucker
4 Eier, 300 g Mehl
1 Päckchen Backpulver
150 g After eight
Für den Guss:
2 EL Aprikosenkonfitüre
je 100 g weiße und dunkle Kuvertüre
20 g Kokosfett, Fett für die Form

1. Backofen vorheizen. Backform fetten. Butter, Zucker und Vanillezucker schaumig schlagen. Eier unterrühren. Mehl und Backpulver unterziehen. After eight im Wasserbad schmelzen, und unter die Hälfte des Teiges ziehen. Hellen und dunklen Teig nebeneinander in die Form füllen. Im Ofen bei 175° (Mitte, Umluft 160°) 35 Min. backen. Leicht abgekühlt aus der Form lösen.

2. Konfitüre erwärmen, den Kuchen damit überziehen. Je 10 g Kokosfett mit heller bzw. dunkler Kuvertüre im Wasserbad schmelzen, Kuchen überziehen. Die Kuvertüren mit Hilfe eines Holzstäbchens ineinander ziehen. Den Kuchen kühl stellen, bis die Glasur fest ist.

Zubereitung: 30 Min. Backzeit: 35 Min.	Pro Stück ca.: 420 kcal

Barbarakuchen

Zutaten für 1 Springform mit Kranzboden von 24 cm Ø (16 Stück)
Für den Rührteig:
1 unbehandelte Zitrone
200 g weiche Butter
250 g Zucker
4 Eier
250 g Mehl
1/2 TL Backpulver
Für den Guss:
200 g Puderzucker
Fett für die Form

1. Backofen vorheizen. Backform fetten. Zitrone heiß waschen, trockenreiben, Schale abreiben. Butter mit Zucker schaumig schlagen. Erst Eier und Zitronenschale, dann Mehl und Backpulver unterrühren. Den Teig in die Form füllen.

2. Im Backofen bei 160° (Mitte, Umluft 140°) 1 Std. 15 Min. backen. Leicht abkühlen und aus der Form lösen. Den Saft der Zitrone auspressen. Den Puderzucker mit 4–5 EL Zitronensaft glatt rühren. Den noch warmen Kuchen damit überziehen.

Zubereitung: 20 Min. Backzeit: 1 Std. 15 Min.	Pro Stück ca.: 280 kcal

Eierlikörkuchen

Für 1 Gugelhupfform von 1,5 l Inhalt (12 Stück)
Für den Rührteig:
4 Eier
200 g Puderzucker
1 Päckchen Vanillezucker
200 ml Öl
200 ml Eierlikör
125 g Mehl
1 Päckchen Backpulver
100 g Speisestärke
Puderzucker zum Bestäuben
Fett für die Form

1. Backofen vorheizen. Backform fetten. Eier mit Puderzucker und Vanillezucker schaumig schlagen. Unter Rühren Öl und Eierlikör dazugeben. Mehl, Backpulver und Speisestärke unterrühren. Den Teig in die Form füllen. Im Ofen bei 175° (Mitte, Umluft 160°) 1 Std. backen.

2. Den Kuchen leicht abgekühlt aus der Form lösen, auf ein Kuchengitter stürzen. Mit Puderzucker bestäuben und auskühlen lassen.

Tipp: Backen Sie den Kuchen in kleinen Bundformen. Sieht hübsch aus und ist toll zum Verschenken!

Zubereitung: 20 Min. Backzeit: 1 Std.	Pro Stück ca.: 310 kcal

Nusskuchen

Für 1 Kastenform von 30 cm Länge (16 Stück)
Für den Rührteig:
6 Eier, 1 Prise Salz
180 g Zucker
180 g weiche Butter
1 Päckchen Vanillezucker
1/2 TL Zimtpulver
180 g gemahlene Haselnüsse
100 g Semmelbrösel
200 g Haselnuss-Fettglasur (Fertigprodukt)
Fett und Semmelbrösel für die Form

1. Backofen vorheizen. Backform fetten, mit Semmelbröseln ausstreuen. Eier trennen. Eiweiße mit Salz steif schlagen, 80 g Zucker einrieseln lassen. Butter mit dem restlichen Zucker, Vanillezucker und Zimt schaumig schlagen. Eigelbe einrühren. Nüsse und Semmelbrösel unterrühren. Den Eischnee unterheben.

2. Den Teig in die Form füllen. Im Ofen bei 160° (Mitte, Umluft 140°) 1 Std. backen. Leicht abgekühlt aus der Form lösen, auf einem Kuchengitter auskühlen lassen. Haselnussglasur schmelzen lassen, den Kuchen damit überziehen. Die Glasur fest werden lassen.

Zubereitung: 30 Min. Backzeit: 1 Std.	Pro Stück ca.: 320 kcal

Orangenkuchen

Für 1 Rehrückenform von 1 l Inhalt (16 Stück)
Für den Rührteig:
1 große unbehandelte Orange
150 g weiche Butter
100 g Zucker
3 Eier
1/2 Päckchen Vanille-Puddingpulver (zum Kochen für 500 ml Milch)
100 g Mehl
100 g gemahlene Mandeln
1/3 TL Backpulver
Zum Tränken:
125 ml frisch gepresster Orangensaft
60 g Zucker
Fett und Mehl für die Form

1. Den Backofen vorheizen. Die Backform fetten, dünn mit Mehl bestäuben. Die Orange heiß waschen, trockenreiben, die Schale abreiben und den Saft auspressen.

2. Butter mit Zucker, Orangenschale und -saft schaumig schlagen. Die Eier trennen. Die Eigelbe und das Puddingpulver unter die Buttermischung rühren.

3. Die Eiweiße steif schlagen. Mehl, Mandeln und Backpulver mischen. Mit dem Eischnee unter den Teig heben. Den Teig in die Form füllen. Im Ofen bei 175° (Mitte, Umluft 160°) 35 Min. backen.

4. Inzwischen den Orangensaft mit Zucker sirupartig einkochen lassen. Den Kuchen in der Form leicht abkühlen lassen. Auf eine Platte stürzen und die Oberfläche mit einem Holzstäbchen gleichmäßig einstechen. Den Kuchen mit dem Orangensirup bestreichen, bis dieser aufgebraucht ist.

Zubereitung: 30 Min.
Backzeit: 35 Min.
Pro Stück ca.: 190 kcal

Bananenkuchen

Für 1 Rehrückenform von 1 l Inhalt (16 Stück)
Für den Rührteig:
2 reife Bananen (etwa 300 g)
150 g weiche Butter
100 g brauner Zucker
3 Eier
1 TL Ingwerpulver
250 g Mehl
1 TL Backpulver
150 g Schokoladenglasur (Fertigprodukt)
getrocknete Bananenscheiben
Fett und Semmelbrösel für die Form

1. Den Backofen vorheizen. Die Backform fetten, dünn mit Semmelbröseln ausstreuen. Die Bananen mit einer Gabel zerdrücken.

2. Butter und Zucker schaumig schlagen. Zunächst die Eier einzeln, dann Bananenmus und Ingwerpulver unterrühren. Mehl mit Backpulver mischen und unterziehen.

3. Den Teig in die Form füllen. Im Ofen bei 175° (Mitte, Umluft 160°) 40 Min. backen. Den Kuchen in der Form leicht abkühlen lassen. Auf eine Platte stürzen, auskühlen lassen.

4. Die Schokoladenglasur im Wasserbad schmelzen lassen. Den Kuchen damit überziehen und mit getrockneten Bananenscheiben dekorieren.

Zubereitung: 20 Min.
Backzeit: 40 Min.
Pro Stück ca.: 220 kcal

Marmorkuchen

Für 1 Napfkuchen- oder Gugelhupfform (20 Stück)
Für den Rührteig:
250 g weiche Butter
250 g Zucker
1 Päckchen Vanillezucker
5 Eier
500 g Mehl
1 TL Backpulver
50 g Zartbitterschokolade
1 TL Instant-Kaffeepulver
2 EL Kaffeesahne
2 EL Kakaopulver
Fett und Semmelbrösel für die Form
Puderzucker zum Bestäuben

Tipp

Der Marmorkuchen ist einfach in der Zubereitung und ein beliebtes Highlight jeder Kaffeetafel. Man kann ihn gut schon ein bis zwei Tage vor dem Verzehr backen.

1. Den Backofen vorheizen. Die Backform fetten und mit Semmelbröseln ausstreuen.

2. Butter, Zucker und Vanillezucker schaumig schlagen. Die Eier einzeln einrühren. Das Mehl mit Backpulver mischen, nach und nach unterrühren.

3. Die Schokolade in Stücke brechen, mit Kaffeepulver und Kaffeesahne bei geringer Hitze schmelzen lassen. Die Schokosahne und das Kakaopulver unter ein Drittel des Teiges rühren.

4. Die Hälfte des hellen Teiges in die Form füllen. Den dunklen Teig darauf verteilen und mit dem restlichen hellen Teig abdecken. Die Teige mit einer Gabel spiralförmig ineinander ziehen. Die Oberfläche glatt streichen.

5. Im Ofen bei 175° (unten, Umluft 160°) 1 Std. backen. Leicht abgekühlt aus der Form lösen, auf einem Kuchengitter auskühlen lassen. Mit Puderzucker bestäuben.

Variante

Schachbrettkuchen
2 Kastenformen von 26 cm Länge fetten. Den Teig wie beschrieben zubereiten. Die Schokoladenmasse ebenfalls herstellen und unter die Hälfte des Teiges ziehen. Den hellen Teig in die eine, den dunklen Teig in die andere Form füllen. Beide Kuchen wie beschrieben backen.
Leicht abgekühlt aus der Form lösen, auf einem Kuchengitter auskühlen lassen. Jeden Kuchen der Länge nach halbieren, jede Hälfte längs in drei Stücke schneiden.
60 g Aprikosenkonfitüre erwärmen, die Kanten der Kuchen damit bestreichen und so zusammensetzen, dass stirnseitig ein schachbrettartiges Muster entsteht. Den Kuchen mit Aprikosenkonfitüre bestreichen.
200 g Marzipanrohmasse mit 100 g Puderzucker verkneten. Zwischen Klarsichtfolie ausrollen. Den Kuchen damit überziehen.

Tipp

In gut sortierten Supermärkten (Backwarenabteilung) gibt es fertig ausgerollte Marzipanplatten zu kaufen.

Zubereitung: 45 Min.
Backzeit: 1 Std.
Pro Stück ca.: 270 kcal

Mascarponekuchen

Für 1 Springform von 20–22 cm Ø
(6 Stück)
Für den Rührteig:
1 unbehandelte Limette
50 g weiche Butter
100 g Puderzucker
2 EL Weichweizengrieß
250 g Mascarpone
300 g Magerquark
2 Eier
Fett für die Form

1. Den Backofen vorheizen. Die Backform fetten. Die Limette heiß waschen und trockenreiben. Die Schale abreiben. Den Saft auspressen.

2. Butter, Puderzucker, Grieß, Limettensaft und -schale verrühren. Zunächst Mascarpone und Quark, dann die Eier einzeln unterrühren.

3. Die Quarkcreme in die Form füllen. Im Ofen bei 200° (Mitte, Umluft 180°) in 35 Min. goldbraun backen. Leicht abgekühlt aus der Form lösen, auskühlen lassen.

Varianten

Sie können statt Grieß auch 2 EL Vanillepuddingpulver in die Quarkcreme rühren.
Die Limette können Sie auch durch 1 unbehandelte Orange oder Zitrone ersetzen.

Zubereitung: 20 Min.
Backzeit: 35 Min.
Pro Stück ca.: 400 kcal

Käsekuchen

Für 1 Springform von 24 cm Ø
(12 Stück)
Für den Mürbeteig:
200 g Mehl, 1 Prise Salz
60 g Zucker
100 g kalte Butter in Flöckchen
1 Ei
Für den Belag:
3 Eier, 1 Prise Salz
120 g Zucker
1 EL Zitronensaft
500 g Magerquark
50 g Sahne
30 g flüssige Butter
1 EL Mehl
Fett für die Form
Mehl zum Arbeiten

1. Den Backofen vorheizen. Die Backform fetten. Mehl mit Salz und Zucker mischen. Mit Butter und Ei rasch zu einem Mürbeteig verarbeiten. Den Teig auf bemehlter Arbeitsfläche ausrollen, in die Form legen, einen 3 cm hohen Rand formen. Kühl stellen.

2. Die Eier trennen. Die Eiweiße mit Salz steif schlagen. Die Eigelbe mit Zucker und Zitronensaft schaumig schlagen. Quark, Sahne und flüssige Butter unterrühren. Den Eischnee darauf geben, das Mehl darüber sieben und unterheben. Die Quarkcreme auf dem Mürbeteig verteilen.

3. Im Ofen bei 200° (Mitte, Umluft 180°) 55 Min. backen. Den Ofen ausschalten, den Kuchen noch 5 Min. darin stehen lassen. Herausnehmen, den Rand lösen. Ein Kuchengitter auf den Käsekuchen legen. Vorsichtig stürzen, den Springformboden abnehmen, den Käsekuchen auf dem Gitter auskühlen lassen. Auf eine Platte stürzen.

Zubereitung: 30 Min.
Backzeit: 55 Min.
Pro Stück ca.: 270 kcal

Schokoladenrührkuchen

Für 1 quadratische Kuchenform von 22 x 22 cm (20 Stück)
Für den Schokoladenrührteig:
200 g Blockschokolade
200 g weiche Butter
200 g Zucker
6 Eier
200 g Mehl
1 TL Backpulver
200 g gemahlene Mandeln
Für den Guss:
3 EL Aprikosenkonfitüre
200 g Schokoladenfettglasur (Fertigprodukt)
1 EL Kakaopulver
Backpapier für die Form

1. Den Backofen vorheizen. Die Backform mit Backpapier belegen.

2. Die Schokolade in Stücke brechen und mit der Butter im Wasserbad schmelzen lassen. Den Zucker unter Rühren dazugeben. Die Eier einzeln einrühren. Das Mehl mit Backpulver und den Mandeln mischen, unter den Teig ziehen.

3. Den Teig in die Form füllen. Im Ofen bei 160° (unten, Umluft 140°) 1 Std. 15 Min. backen. Leicht abgekühlt aus der Form lösen, auf eine Platte stürzen und das Backpapier abziehen.

4. Die Aprikosenkonfitüre erwärmen, durch ein Sieb streichen. Die Oberfläche und den Rand des Kuchens damit bestreichen. Auskühlen lassen.

5. Die Glasur nach Packungsanweisung schmelzen lassen. Den Kuchen damit überziehen, die Glasur fest werden lassen.

6. Aus festem Papier mehrere 2 cm breite Streifen schneiden und diagonal auf den Kuchen legen. Den Kuchen mit Kakaopulver bestäuben. Die Papierstreifen vorsichtig wieder entfernen.

Tipp

Noch besser schmeckt selbst zubereitete Schokoladenglasur: 200 g Halbbitterkuvertüre klein hacken und im Wasserbad unter Rühren schmelzen lassen. Abkühlen lassen und nochmals erwärmen, damit die Glasur einen schönen Glanz erhält. Die Schokoladenglasur auf den Kuchen gießen und mit einer Palette glatt streichen.

Varianten

Kirschkonfitüre erwärmen und den Kuchen damit bestreichen. Die Schokoladenglasur wie beschrieben vorbereiten. Einige schöne Kirschen mit Stil waschen, gut trocknen, halb in Schokolade tauchen, auf Backpapier setzen und trocknen lassen. Den restlichen Schokoladenguss auf dem Kuchen verstreichen. Mit den Kirschen garnieren. Statt Kirschen können auch andere Früchte auf diese Weise überzogen werden. Gut eignen sich z. B. Kumquats, Physalis, Ananas oder Karambole.
Den Kuchen mit Schokoladenglasur überziehen und mit Kokoschips bestreuen.
Statt den Kuchen mit Aprikosenkonfitüre und Schokoladenglasur zu überziehen, 1 EL Puderzucker mit 1 EL Kakaopulver mischen und den Kuchen damit bestäuben.
Für den Schokoladenteig statt Mandeln Paranüsse, Pekannüsse, Walnüsse oder Haselnüsse verwenden.

Zubereitung: 35 Min.
Backzeit: 1 Std. 15 Min.
Pro Stück ca.: 320 kcal

Zitronenmuffins

Für 1 Muffinsblech mit 12 Vertiefungen
Für den Rührteig:
1 unbehandelte Zitrone
250 g Mehl
2 TL Backpulver
1 Ei
150 g brauner Zucker
100 ml neutrales Öl
250 g Joghurt
Für den Guss:
150 g Puderzucker
2 EL Zitronensaft
50 g weiße Kuvertüre
Fett oder 12 Papierförmchen für das Muffinsblech

1. Den Backofen vorheizen. Das Muffinsblech fetten oder Papierförmchen in die Vertiefungen setzen.

2. Die Zitrone heiß waschen, trockenreiben. Die Schale abreiben, den Saft auspressen. Mehl, Backpulver und Zitronenschale mischen. Das Ei mit Zucker, Zitronensaft, Öl und Joghurt verrühren. Die Mehlmischung unterziehen.

3. Den Teig in die Blechvertiefungen füllen und im Ofen bei 175° (Mitte, Umluft 160°) 20–25 Min. backen. 5 Min. abkühlen lassen. Die Muffins aus der Form lösen, dicht nebeneinander auf ein Kuchengitter setzen.

4. Den Puderzucker mit Zitronensaft zu einem glatten Guss verrühren. Die noch warmen Muffins damit überziehen. Auskühlen lassen.

5. Die Kuvertüre im Wasserbad schmelzen lassen. In einen Gefrierbeutel füllen, ein winziges Loch hineinstechen und feine Linien auf die Oberfläche der Muffins spritzen.

Zubereitung: 25 Min.	
Backzeit: 25 Min.	Pro Stück ca.: 250 kcal

Gewürzmuffins

Für 1 Muffinsblech mit 12 Vertiefungen
Für den Rührteig:
50 g Kokosflocken
200 g Mehl, 2 TL Backpulver
50 g gemahlene Haselnüsse
1 TL Zimtpulver
1/3 TL Nelkenpulver
1 Prise Salz
1 Päckchen Vanillezucker
1/3 TL Ingwerpulver
1 Prise Muskatblüte
100 g weiche Butter
2 Eier
3 EL Ahornsirup
250 g Buttermilch
Für den Guss:
1 EL Puderzucker
50 g Vollmilchkuvertüre, 1 EL Öl
Kokos-Chips zum Garnieren
Fett oder 12 Papierförmchen für das Muffinsblech

1. Den Backofen vorheizen. Das Muffinsblech fetten oder Papierförmchen in die Vertiefungen setzen.

2. Die Kokosflocken in einer Pfanne leicht anrösten. Das Mehl mit Backpulver, Kokosflocken, Haselnüssen, Zimtpulver, Nelkenpulver, Salz, Vanillezucker, Ingwer, Muskatblüte mischen. Die Butter schaumig schlagen, die Eier, Ahornsirup und Buttermilch unterrühren. Die Mehlmischung nach und nach dazugeben und alles zu einem glatten, dickflüssigen Teig verarbeiten.

3. Den Teig in die Blechvertiefungen einfüllen und im Backofen bei 175° (Mitte, Umluft 160°) 20 Min. backen. Herausnehmen, 5 Min. ruhen lassen und aus den Förmchen lösen.

4. Für den Guss 2 EL Wasser mit Puderzucker erhitzen. Kuvertüre klein hacken und mit dem Öl unter Rühren dazugeben. Die Muffins mit dem Guss bestreichen, mit Kokoschips bestreuen.

Zubereitung: 25 Min.	
Backzeit: 20 Min.	Pro Stück ca.: 250 kcal

Sandkuchen

Für 1 Kastenform von 30 cm Länge (16 Stück)
Für den Rührteig:
5 Eier
80 g Zucker
200 g weiche Butter
100 g Puderzucker
150 g Speisestärke
1 Päckchen Vanillezucker
2 EL Zitronensaft
100 g Mehl
1 TL Backpulver
Fett für die Form

1. Den Backofen vorheizen. Die Backform fetten.

2. Die Eier trennen. Die Eiweiße steif schlagen, den Zucker einrieseln lassen. Butter und Puderzucker schaumig schlagen. Speisestärke, Vanillezucker und Zitronensaft unterrühren. Die Eigelbe einrühren. Den Eischnee darauf geben. Mehl und Backpulver mischen, darüber sieben und unterheben.

3. Den Teig in die Form füllen. Im Ofen bei 175° (unten, Umluft 160°) 1 Std. backen. Leicht abgekühlt aus der Form lösen und auf einem Kuchengitter auskühlen lassen.

Tipp

Den Sandkuchen mit erwärmter Aprikosenkonfitüre bestreichen und mit Zitronen- oder Schokoladenglasur überziehen.

Zubereitung: 30 Min.	
Backzeit: 1 Std.	Pro Stück ca.: 220 kcal

Englischer Früchtekuchen

Für 1 Kastenform von 30 cm Länge (16 Stück)
Für den Rührteig:
30 g Zitronat
30 g Orangeat
50 g kandierte Kirschen
100 g Rosinen
100 g Korinthen
50 g gehackte Mandeln
1 TL Puderzucker
250 g Butter
250 g brauner Zucker
4 Eier
1 EL Rum
300 g Mehl
1/2 TL Backpulver
Backpapier für die Form
Mehl und Puderzucker zum Bestäuben

1. Zitronat und Orangeat fein würfeln. Die Kirschen vierteln. Rosinen und Korinthen waschen und trockentupfen. Die Früchte mit 2 EL Mehl bestäuben. Mandeln mit Puderzucker in einer Pfanne ohne Fett leicht rösten.

2. Den Backofen vorheizen. Die Backform mit Backpapier auslegen.

3. Butter und Zucker schaumig schlagen. Die Eier und den Rum unterrühren. Mehl, Backpulver und die Mandeln mischen und unterheben. Die vorbereiteten Früchte unterziehen.

4. Den Teig in die Form füllen und glatt streichen. Im Ofen bei 175° (unten, Umluft 160°) 1 Std. 15 Min. backen. Leicht abgekühlt aus der Form lösen, das Backpapier abziehen, auf einem Kuchengitter auskühlen lassen. Vor dem Servieren mit Puderzucker bestäuben.

Zubereitung: 45 Min.	
Backzeit: 1 Std. 15 Min.	Pro Stück ca.: 340 kcal

Für 1 Margaretenform von 28 cm Ø (12 Stück)
Für den Rührteig:
300 g gekochte Kartoffeln (vom Vortag)
6 Eier
1 Prise Salz
50 g Zucker
200 g Puderzucker
1 TL abgeriebene Orangenschale
2 EL Orangenlikör (wer mag)
150 g gemahlene Mandeln
2 EL Weizengrieß
Für die Glasur:
150 g Zartbitterkuvertüre
1 EL Öl
40 g gehobelte Mandeln
1 EL Puderzucker
Fett für die Form

Kartoffel-Orangenkuchen

1. Den Backofen vorheizen. Die Backform fetten. Die gekochten Kartoffeln schälen, durch die Kartoffelpresse drücken oder fein reiben. Die Eier trennen. Die Eiweiße mit Salz steif schlagen, den Zucker unter Rühren einrieseln lassen.

2. Die Eigelbe mit Puderzucker, Orangenschale und – wer mag – Orangenlikör cremig rühren. Kartoffeln und Mandeln unterziehen. Grieß und Eischnee abwechselnd unter die Eigelbmasse heben.

3. Den Teig in die Form füllen. Im Ofen bei 175° (Mitte, Umluft 160°) 50 Min. backen. Leicht abgekühlt aus der Form lösen, auf einem Kuchengitter auskühlen lassen.

4. Die Kuvertüre in Stücke brechen, mit dem Öl im heißen Wasserbad schmelzen lassen. Mandeln mit Puderzucker in einer Pfanne ohne Fett leicht rösten. Den Kuchen gleichmäßig mit der Schokoladenglasur überziehen. Den Kuchenrand mit den Mandelblättchen garnieren.

Varianten

Den Kartoffel-Rührteig statt mit Orangenschale mit abgeriebener Zitronenschale zubereiten. 50 g fein gewürfeltes Zitronat und 100 g Rum-Rosinen unter den Teig mischen. 2 EL Johannisbeergelee erwärmen und den noch warmen Kuchen damit glasieren.

Saftiger Kartoffelkuchen
Den Backofen vorheizen. 200 g gekochte Kartoffeln schälen und fein reiben. 125 g Butter mit 100 g Zucker, 1 Päckchen Vanillezucker und 4 Eiern schaumig rühren. Die Kartoffeln, 50 g geriebene Schokolade und 100 g gemahlene Haselnüsse unterrühren. 150 g Mehl mit 1 TL Backpulver mischen und unterheben.
Eine Kastenform von 26 cm Länge mit Backpapier auslegen. Den Teig in die Form füllen. Im Ofen bei 175° (Mitte, Umluft 160°) 50 Min. backen.

Zubereitung: 30 Min.	
Backzeit: 50 Min.	Pro Stück ca.: 310 kcal

Rotweinkuchen

Für 1 Kastenform von 30 cm Länge (16 Stück)
Für den Rührteig:
100 g Zartbitterschokolade
250 g weiche Butter
100 g Zucker
2 EL Honig
4 Eier
1 Päckchen Vanillezucker
100 g gemahlene Haselnüsse
200 g Mehl
1 Päckchen Backpulver
1 TL Zimtpulver
1 TL Kakaopulver
100 ml trockener Rotwein
Für den Guss:
150 g Puderzucker
3 EL Rotwein
Fett und gemahlene Haselnüsse für die Form

1. Den Backofen vorheizen. Die Backform fetten, dünn mit gemahlenen Haselnüssen ausstreuen.

2. Die Schokolade grob raspeln. Butter, Zucker und Honig schaumig schlagen. Zunächst die Eier einzeln, dann Vanillezucker und Haselnüsse unterrühren. Mehl, Backpulver, Zimt und Kakao mischen. Abwechselnd mit dem Rotwein unter die Eicreme rühren.

3. Den Teig in die Form füllen. Im Ofen bei 175° (Mitte, Umluft 160°) 1 Std. backen. Leicht abgekühlt aus der Form lösen, auf ein Kuchengitter stürzen.

4. Den Puderzucker mit Rotwein zu einer dickflüssigen Glasur verrühren und die Oberfläche des Kuchens damit glasieren.

Tipp

Sie können den Kuchen auch in einer Springform mit Kranzboden von 26 cm Ø backen.

Zubereitung: 40 Min.	
Backzeit: 1 Std.	Pro Stück ca.: 330 kcal

Zucchinikuchen

Für 1 Kastenform von 26 cm Länge (12 Stück)
Für den Rührteig:
250 g kleine Zucchini
3 Eier
200 g brauner Zucker
1 EL Honig oder Ahornsirup
1 Päckchen Vanillezucker
150 ml Öl
100 g grob gemahlene Haselnüsse
200 g Weizenvollkornmehl
2 TL Backpulver
Für den Guss:
150 g Puderzucker
2 EL weißer Rum (ersatzweise Zitronensaft)
Backpapier für die Form

1. Den Backofen vorheizen. Die Backform mit Backpapier auslegen. Die Zucchini waschen, trocknen und mit der Schale fein reiben.

2. Die Eier mit Zucker, Honig oder Ahornsirup, Vanillezucker und Öl schaumig rühren. Zucchiniraspel mit den Haselnüssen mischen und unterrühren. Mehl und Backpulver unterheben.

3. Den Teig in die Form füllen. Im Ofen bei 175° (Mitte, Umluft 160°) 50 Min. backen. In der Form auskühlen lassen.

4. Aus der Form lösen, das Backpapier abziehen. Den Puderzucker mit Rum glatt rühren und den Zucchinikuchen damit glasieren.

Zubereitung: 40 Min.	
Backzeit: 50 Min.	Pro Stück ca.: 330 kcal

Gugelhupf

Für 1 Gugelhupfform von 1,5 l Inhalt (12 Stück)
Für den Rührteig:
250 g weiche Butter
350 g Zucker
1 Päckchen Vanillezucker
5 Eier
500 g Mehl
1 Päckchen Backpulver
100 ml Milch
Fett für die Form

1. Den Backofen vorheizen. Die Backform fetten, kühl stellen.

2. Butter, Zucker und Vanillezucker schaumig schlagen. Die Eier einzeln einrühren. Mehl mit Backpulver mischen und abwechselnd mit der Milch unterrühren.

3. Den Teig in die Form füllen. Im Ofen bei 175° (Mitte, Umluft 160°) 1 Std. backen. Den Backofen in den ersten 40 Min. nicht öffnen, damit der Kuchen nicht zusammenfällt und speckig wird.

4. Den Guglhupf in der Form auskühlen lassen, erst dann vorsichtig auf ein Kuchengitter stürzen.

Tipp

Nach Belieben 100 g Rosinen, Mandeln, Nüsse oder 1 TL abgeriebene Zitronenschale unter den Teig ziehen.

Zubereitung: 20 Min.	
Backzeit: 1 Std.	Pro Stück ca.: 460 kcal

Gefüllte Buchteln

Für 1 runde oder eckige geschlossene Form von 28 cm Ø (12 Buchteln)
Für den Hefeteig:
600 g Mehl
1 Würfel Hefe (42 g)
1 EL Zucker
125 g Butter
3 Eier
1 Prise Salz
250 ml lauwarme Milch
Für die Füllung:
100 g Marzipanrohmasse
50 g Rumrosinen
50 g Mandelstifte
50 g Butter
Puderzucker zum Bestäuben
Mehl zum Arbeiten

1. Das Mehl in eine Schüssel sieben, eine Vertiefung hineindrücken. Die Hefe zerbröckeln, mit Zucker und 100 ml lauwarmem Wasser verrühren, in die Vertiefung gießen und mit etwas Mehl verrühren. Zugedeckt 15 Min. gehen lassen.

2. Die Butter zerlassen. Mit Eiern, Salz und Milch verrühren. Zum Vorteig geben und rasch zu einem glatten, elastischen Teig verarbeiten. Den Teig zugedeckt in 30 Min. zur doppelten Größe aufgehen lassen.

3. Die Marzipanrohmasse klein schneiden, mit den Rosinen und Mandeln verkneten. Den Backofen vorheizen.

4. Den Teig auf bemehlter Arbeitsfläche kräftig durchkneten, zur Rolle formen und in 12 Stücke teilen. Jedes Teigstück etwas flach drücken, 1 TL Füllung darauf geben, den Teig zusammenschlagen und zu einer Kugel formen.

5. Die Butter zerlassen. Die Backform mit Butter bepinseln. Die Teigkugeln rundum mit der restlichen Butter bestreichen und in die Form setzen. Im Ofen bei 175° (Mitte, Umluft 180°) in 25 Min. goldbraun backen. Noch warm mit Puderzucker bestäuben.

Zubereitung: 45 Min.	Ruhezeit: 45 Min.
Backzeit: 25 Min.	Pro Stück ca.: 400 kcal

Für 1 Springform von 26 cm Ø
(12 Stück)
Für den Plunderteig:
500 g Mehl
1/2 Würfel Hefe (21 g)
200 ml lauwarme Milch
50 g Zucker
2 Eier
1 Päckchen Vanillezucker
50 g zerlassene Butter
250 g kalte Butter
Für die Füllung:
200 g getrocknete Aprikosen
150 g gemahlene Haselnüsse
60 g Puderzucker
1 EL Orangensaft
1 EL Orangenlikör (ersatzweise Orangensaft)
2 EL Aprikosenkonfitüre
Fett für die Form
Mehl zum Arbeiten

Tipp

Den Rosenkuchen kann man prima vorbereiten: Die fertige Teigrolle in Klarsichtfolie wickeln und über Nacht in den Kühlschrank stellen. Am nächsten Tag wie beschrieben backen.

Rosenkuchen

1. Das Mehl in eine Schüssel sieben, eine Vertiefung hineindrücken. Die Hefe zerbröckeln, mit etwas Milch und 1 TL Zucker verrühren, in die Vertiefung gießen und mit etwas Mehl verrühren.

2. Die Eier trennen. Die Eiweiße abgedeckt beiseite stellen. Die Eigelbe mit Zucker, Vanillezucker und Butter verrühren und zum Hefeteig geben. Rasch zu einem glatten, festen Teig verkneten. Den Teig in einen großen Gefrierbeutel oder eine Schüssel mit Deckel geben und über Nacht in den Kühlschrank stellen.

3. Am nächsten Tag den Teig auf bemehlter Arbeitsfläche zu einem Rechteck ausrollen. Die Butter in feine Scheiben schneiden und auf einer Hälfte des Teiges verteilen. Die andere Hälfte darüber schlagen. Den Teig zu einem 1 cm dicken Rechteck ausrollen. Die Breitseite zur Mitte einschlagen, noch einmal längs übereinander klappen. Den Teig in Klarsichtfolie wickeln und 20 Min. in den Kühlschrank stellen. Erneut ausrollen. Den Vorgang wiederholen und wieder 20 Min. kühl stellen.

4. Inzwischen die Aprikosen klein schneiden und im Mixer fein pürieren. Mit Haselnüssen, Puderzucker, Orangensaft und Orangenlikör mischen. Die Eiweiße halb steif schlagen und unter die Nussmasse ziehen.

5. Den Backofen vorheizen. Die Backform fetten. Den Teig auf bemehlter Arbeitsfläche zu einem Rechteck ausrollen. Die Füllung darauf verteilen und den Teig von der Längsseite her aufrollen. Die Rolle in 3 cm dicke Scheiben schneiden und nebeneinander in die Form setzen.

6. Den Rosenkuchen im Ofen bei 175° (Mitte, Umluft 160°) 40 Min. backen. Die Aprikosenkonfitüre erwärmen, durch ein Sieb streichen. Den Kuchen damit bestreichen, in 5 Min. fertig backen. Leicht abgekühlt vorsichtig aus der Form lösen.

Varianten

Den Teig wie beschrieben zubereiten. Für die Füllung 3 EL Sesamsamen leicht anrösten. 200 g Marzipanrohmasse klein schneiden, mit 50 g Puderzucker, 1 Ei und 2 EL Zitronensaft glatt rühren. Die Masse auf dem ausgerollten Plunderteig verstreichen. 50 g Früchtemix (Backwarenabteilung) und 50 g Rosinen darauf streuen. Den Teig von der Längsseite her aufrollen, in Scheiben schneiden. Die Scheiben nebeneinander in die Form setzen und wie beschrieben backen.

Schneckennudeln: Die Rolle in 2 cm dicke Scheiben schneiden und auf einem mit Backpapier belegten Backblech 25 Min. backen.

Zubereitung: 1 Std.	Kühlzeit: 12 Std.
Backzeit: 45 Min.	Pro Stück ca.: 525 kcal

Aus aller Welt

Süßes international

Wer einmal Bretonische Apfeltarte, Spanischen Vanillekuchen, Italienischen Panettone oder Walliser Nusstorte probiert hat, wird es immer wieder tun: von den Backspezialitäten unserer europäischen Nachbarn und aus der weiten Welt naschen.

Das süße Spektrum weltweiter Backkünste ist beeindruckend. Da jede Region ihre ureigene Tradition hat, Backzutaten und Aromen zu kombinieren, gleicht kein Teig dem anderen, und die Vielfalt der Beläge scheint unerschöpflich. Wer sich mit allen Sinnen auf internationale »Kuchen-Reise« begibt, erfährt ganz unerwartete Dimensionen von »süß«.

Spanischer Mandelkuchen

Für 1 Springform von 26 cm Ø (12 Stück)
Für den Rührteig:
6 Eier, 1 Prise Salz
200 g Puderzucker
1 TL abgeriebene Orangenschale
2 Päckchen Bourbon Vanillezucker
1/2 TL Zimt
200 g geschälte gemahlene Mandeln
Puderzucker zum Bestäuben
Fett für die Form

1. Backofen vorheizen. Backform fetten. Eier trennen. Eiweiße mit Salz steif schlagen. Eigelbe mit Puderzucker cremig rühren. Orangenschale, Vanillezucker und Zimt dazugeben. Eischnee und Mandeln unterheben.

2. Den Teig in die Form füllen. Im Ofen bei 175° (Mitte, Umluft 160°) 35 Min. backen. Leicht abgekühlt aus der Form lösen, auf einem Kuchengitter auskühlen lassen. Vor dem Servieren dick mit Puderzucker bestreuen.

Zubereitung: 20 Min.	
Backzeit: 35 Min.	Pro Stück ca.: 210 kcal

Italienischer Ricottakuchen

Für 1 Springform von 26 cm Ø (12 Stück)
6 Eier, 150 g Zucker
150 g weiche Butter
250 g Ricotta (italienischer Frischkäse)
Saft und abgeriebene Schale 1/2 unbehandelten Zitrone
150 g geschälte gemahlene Mandeln
Puderzucker zum Bestäuben
Fett für die Form

1. Backofen vorheizen. Backform fetten. Eier trennen. Eiweiße steif schlagen, 50 g Zucker einrieseln lassen. Butter, 100 g Zucker und Ricotta glatt rühren. Zitronensaft und -schale und die Eigelbe unterrühren. Eischnee und Mandeln unterheben.

2. Den Teig in die Form füllen. Im Ofen bei 175° (Mitte, Umluft 160°) in 40 Min. goldbraun backen. Leicht abgekühlt aus der Form lösen, auf einem Kuchengitter auskühlen lassen. Vor dem Servieren dick mit Puderzucker bestäuben.

Tipp: Einfache aber effektvolle Dekoration aus unbehandelten Orangen: 1 Orange waschen, in dünne Scheiben schneiden und den Kuchen damit garnieren.

Zubereitung: 20 Min.	
Backzeit: 40 Min.	Pro Stück ca.: 300 kcal

Toskakuchen

Für 1 Springform von 24 cm Ø (12 Stück)
Für den Rührteig:
100 g Butter
3 Eier
150 g Zucker
150 g Mehl
Für den Belag:
50 g Butter
50 g Zucker
50 g Sahne
1 EL Mehl
100 g Mandelstifte
Fett für die Form

1. Backofen vorheizen. Backform fetten. Butter zerlassen. Eier mit Zucker schaumig rühren. Zunächst das Mehl, dann die Butter unterziehen. Den Teig in die Form füllen. Im Ofen bei 175° (Mitte, Umluft 160°) 20 Min. backen.

2. Butter mit Zucker, Sahne und Mehl aufkochen lassen. Mandelstifte hinzufügen und 2 Min. köcheln. Die Mandelmasse auf dem Kuchen verteilen, in 15 Min. fertig backen, bis die Oberfläche goldbraun ist.

Zubereitung: 20 Min.	
Backzeit: 35 Min.	Pro Stück ca.: 290 kcal

Schokoladenkuchen

Für 1 Springform von 24 cm Ø (12 Stück)
Für den Rührteig:
100 g Blockschokolade
2 EL Sahne
3 Eier, 1 Prise Salz
125 g Zucker
100 g weiche Butter
100 g geschälte gemahlene Mandeln
Puderzucker zum Bestäuben
Fett für die Form

1. Backofen vorheizen. Backform fetten. Schokolade in Stücke brechen und mit der Sahne schmelzen. Eier trennen. Eiweiße mit Salz steif schlagen, 25 g Zucker einrieseln lassen. Butter und 100 g Zucker schaumig schlagen. Eigelbe und Schokosahne einrühren. Eischnee und Mandeln unterheben.

2. Den Teig in die Form füllen. Im Ofen bei 175° (unten, Umluft 160°) 40 Min. backen. Leicht abgekühlt aus der Form lösen, auf einem Kuchengitter auskühlen lassen. Den Rand des Kuchens mit Puderzucker bestäuben.

Tipp: Wenn Sie Gäste haben oder dem Kuchen ein festlicheres Aussehen verleihen wollen, garnieren Sie den Kuchen mit selbst geschabter Schokospäne (s. S. 138).

Zubereitung: 20 Min.	
Backzeit: 40 Min.	Pro Stück ca.: 220 kcal

Australischer Ingwer-Nuss-kuchen

Für 1 Springform von 24 cm Ø
(12 Stück)
Für den Teig:
200 g Pekan- oder Macadamianüsse
4 Eier
1 Prise Salz
100 g brauner Zucker
2 EL Ahornsirup
1 TL frisch geriebener Ingwer
50 g Weizenvollkornmehl
Für den Guss:
150 g Puderzucker
1 EL Ahornsirup
12 Pekan- oder Macadamianüsse
Fett für die Form

1. Den Backofen vorheizen. Die Backform fetten. Die Nüsse fein hacken. Die Eier trennen. Die Eiweiße mit Salz steif schlagen.

2. Eigelbe, Zucker und Ahornsirup weißcremig rühren. Ingwer und Nüsse unterziehen. Den Eischnee darauf geben, das Mehl darüber sieben und unterheben.

3. Den Teig in die Form füllen. Im Ofen bei 175° (Mitte, Umluft 160°) 30 Min. backen.

4. Den Puderzucker mit Ahornsirup und 3–4 EL Wasser glatt rühren. Den noch warmen Kuchen damit glasieren, aus der Form lösen und mit einem Messerrücken 12 Stücke markieren. Mit den Pekannüssen belegen.

Tipp

Der Kuchen schmeckt auch mit geschälten gemahlenen Mandeln sehr gut.

Zubereitung: 25 Min.	
Backzeit: 30 Min.	Pro Stück ca.: 270 kcal

Bretonischer Apfelkuchen

Für 1 Springform von 26 cm Ø
(12 Stück)
Für den Rührteig:
180 g Butter
4 Eier
180 g Zucker
2 EL Calvados (ersatzweise Apfelsaft)
180 g Mehl
1 TL Backpulver
Für den Belag und Guss:
750 g süßliche Äpfel
40 g Butter
40 g Zucker
40 g gehobelte Mandeln
1 Ei
Fett für die Form

1. Die Butter zerlassen. Die Eier mit Zucker und Calvados cremig rühren. Mehl mit Backpulver mischen. Mit der Butter unter die Eicreme ziehen.

2. Den Backofen vorheizen. Die Backform fetten. Die Äpfel waschen, schälen und vierteln, Kerngehäuse entfernen. Die Apfelviertel in Spalten schneiden. Die Hälfte des Teiges in die Form füllen. Ein Drittel der Äpfel darauf verteilen, mit Teig bedecken und die restlichen Apfelspalten kreisförmig darauf anordnen.

3. Für den Guss die Butter zerlassen. Den Zucker einrühren. Leicht abkühlen lassen. Die Mandeln und das Ei unterrühren. Den Guss über den Äpfeln verteilen.

4. Im Ofen bei 175° (Mitte, Umluft 160°) 45 Min. backen. Nach 25 Min. mit Backpapier abdecken, damit die Oberfläche nicht zu stark bräunt. Leicht abgekühlt aus der Form lösen, auf einem Kuchengitter auskühlen lassen.

Zubereitung: 40 Min.	
Backzeit: 45 Min.	Pro Stück ca.: 340 kcal

Spanischer Vanillekuchen

Für 1 Springform von 26 cm Ø
(12 Stück)
Für den Rührteig:
100 g Zartbitterschokolade
50 g Zitronat
2 Vanilleschoten
5 Eier, 1 Prise Salz
150 g Marzipanrohmasse
150 g Butter
150 g Zucker
150 g Mehl
50 g gehackte Mandeln
Für den Guss:
200 g Zartbitterkuvertüre
50 g Sahne
50 g Puderzucker
1 EL Honig
1 EL gehackte Pistazien
Fett für die Form

1. Den Backofen vorheizen. Die Backform fetten, kühl stellen.

2. Die Schokolade in kleine Stücke schneiden. Das Zitronat fein hacken. Die Vanilleschoten längs aufschlitzen, das Mark herauskratzen. Die Eier trennen. Die Eiweiße mit Salz steif schlagen.

3. Die Marzipanrohmasse in kleine Stücke schneiden. Mit Butter und Zucker glatt rühren. Vanillemark und Eigelbe dazugeben und zu einer cremigen Masse verrühren.

4. Das Mehl mit Schokolade, Zitronat und den gehackten Mandeln mischen. Unter die Eigelbcreme ziehen. Den Eischnee darauf gleiten lassen und unterheben.

5. Den Teig in die Form füllen. Im Ofen bei 175° (Mitte, Umluft 160°) 45 Min. backen. Leicht abgekühlt aus der Form lösen.

6. Für den Guss die Kuvertüre grob hacken. Die Sahne mit 50 ml Wasser, Puderzucker und Honig unter Rühren aufkochen lassen. Die Kuvertüre darin auflösen. Die Schokoladenglasur etwas abkühlen lassen. Den Kuchen damit überziehen und mit den gehackten Pistazien bestreuen. Den Kuchen kühl stellen (nicht im Kühlschrank), bis der Guss fest geworden ist.

Varianten

Den Kuchen mit 100 g erwärmter Aprikosenkonfitüre bestreichen. Fertige Schokoladenglasur (Backregal, Supermarkt) nach Packungsangabe im Wasserbad schmelzen lassen und den Kuchen damit überziehen.
Den abgekühlten Kuchen mit einer dünnen Marzipandecke überziehen. Dafür 150 g Marzipanrohmasse mit 100 g Puderzucker verkneten, zwischen Klarsichtfolie rund ausrollen und auf den Kuchen legen. Anschließend mit Schokoladenglasur überziehen.

Tipp

Sie können den Kuchen auch in einer konischen Backform oder Margaretenform backen.

Zubereitung: 25 Min.	
Backzeit: 45 Min.	Pro Stück ca.: 480 kcal

Für 1 Springform von 24 cm Ø
(12 Stück)
Für den Mürbeteig:
150 g weiche Butter
50 g Zucker
1 Päckchen Vanillezucker
2 Eigelbe
250 g Mehl
Für die Füllung:
100 g Marzipanrohmasse
100 g Butter, 50 g Puderzucker
2 Eier
2 Tropfen Bittermandelöl
100 g geschälte gemahlene Mandeln
50 g Speisestärke
1 TL abgeriebene Zitronenschale
Puderzucker zum Bestäuben
Fett für die Form
Mehl zum Arbeiten

Mazarinkuchen

1. Den Backofen vorheizen. Die Backform fetten. Butter, Zucker und Vanillezucker schaumig schlagen. Die Eigelbe unterrühren. Mit dem Mehl rasch zu einem glatten Teig verkneten.

2. Auf bemehlter Arbeitsfläche ausrollen. Boden und Rand der Form mit dem Teig auskleiden. Kühl stellen.

3. Die Marzipanrohmasse klein schneiden. Mit Butter und Puderzucker cremig rühren. Zunächst Eier und Bittermandelöl, dann Mandeln, Speisestärke und Zitronenschale unterrühren. Die Füllung gleichmäßig auf dem Teig verstreichen.

4. Im Ofen bei 175° (unten, Umluft 160°) 45 Min. backen. Leicht abgekühlt aus der Form lösen, auf einem Kuchengitter auskühlen lassen. Vor dem Servieren mit Puderzucker bestäuben.

Zubereitung: 40 Min.	
Backzeit: 45 Min.	Pro Stück ca.: 410 kcal

Für 1 Springform von 24 cm Ø
(12 Stück)
Für den Rührteig:
500 g Äpfel
1 EL Wodka oder Rum (ersatzweise Zitronensaft)
100 g Zartbitterschokolade
4 Eier, 1 Prise Salz
200 g Butter
200 g Zucker
1 Päckchen Vanillezucker
1 TL Zimtpulver
2 TL Kakao
300 g Mehl
1/2 Päckchen Backpulver
Für die Glasur:
150 g Puderzucker
2 EL Wodka (wer mag)
Fett und Semmelbrösel für die Form

Russischer Apfelkuchen

1. Die Äpfel waschen, schälen, vierteln, Kerngehäuse entfernen. Die Viertel quer in dünne Scheiben schneiden, mit Wodka oder Rum mischen. Die Schokolade grob raspeln.

2. Den Backofen vorheizen. Die Backform fetten, dünn mit Semmelbröseln ausstreuen. Die Eier trennen. Eiweiße mit Salz steif schlagen. Butter, Zucker und Vanillezucker schaumig schlagen. Die Eigelbe, Zimt und Kakao unterrühren. Eischnee darauf geben, Mehl und Backpulver darüber sieben, unterheben. Schokolade und Apfelscheiben unter den Teig ziehen.

3. Den Teig in die Form füllen. Im Ofen bei 175° (Mitte, Umluft 160°) 45 Min. backen. Leicht abgekühlt aus der Form lösen.

4. Den Puderzucker mit Wodka oder 2 EL warmem Wasser verrühren. Den noch warmen Kuchen damit überziehen.

Zubereitung: 30 Min.	
Backzeit: 45 Min.	Pro Stück ca.: 430 kcal

Für 1 Springform von 24 cm Ø
(12 Stück)
Für die Creme:
200 g Zartbitterschokolade (min. 70 % Kakaogehalt)
150 ml Kaffeesahne (10 % Fett)
50 g Puderzucker
20 g Kokosfett
2 EL Rum
Für den Schokoladenbiskuit:
50 g Zartbitterschokolade (min. 70 % Kakaogehalt)
6 Eier, 1 Prise Salz
250 g Zucker
100 g gemahlene Mandeln
100 g Mehl
Für den Krokant:
50 g Puderzucker
100 g gehackte Mandeln
Backpapier für die Form

Panamatorte

1. Die Schokolade in Stücke brechen und mit Kaffeesahne, Puderzucker und Kokosfett unter Rühren bei geringer Hitze schmelzen lassen. Die Schokoladensauce mindestens 2 Std. kühl stellen.

2. Den Backofen vorheizen. Die Backform mit Backpapier belegen. Die Schokolade fein reiben.

3. Die Eier trennen. Die Eiweiße mit Salz steif schlagen. Eigelbe und Zucker schaumig rühren. Mandeln und Schokolade unterrühren. Den Eischnee darauf geben, das Mehl darüber sieben, unterheben.

4. Den Teig in die Form füllen. Im Ofen bei 175° (Mitte, Umluft 160°) 40 Min. backen. Leicht abgekühlt aus der Form lösen, auf ein Kuchengitter stürzen, das Backpapier abziehen, auskühlen lassen.

5. Den Puderzucker in einer Pfanne ohne Fett unter Rühren bei schwacher Hitze goldbraun karamellisieren lassen. Die gehackten Mandeln untermischen. Den Krokant abkühlen lassen.

6. Den Biskuit zweimal quer durchschneiden. Einen Biskuitboden klein würfeln und mit dem Rum mischen. Die Schokoladensauce cremig rühren und ein Drittel davon mit den Biskuitwürfeln mischen.

7. Den zweiten Biskuitboden auf eine Platte legen. Die Biskuitschokomasse kuppelförmig darauf verteilen. Den dritten Boden auflegen und am Rand gut andrücken. Den Kuchen mit Schokoladencreme überziehen. Den Rand der Torte mit Krokant bestreuen. Die Panamatorte über Nacht durchziehen lassen.

Tipp

Die Panamatorte ist genau der richtige Kuchen für festliche Anlässe. Zum besonders reizvollen Anblick wird sie, wenn Sie die dunkle Oberfläche mit frischen Physalis garnieren.
Gut gekühlt kann man sie drei bis vier Tage aufbewahren.

Zubereitung: 45 Min.	Ruhezeit: 12 Std.
Backzeit: 40 Min.	Pro Stück ca.: 420 kcal

Für 1 Springform von 24 cm Ø
(10 Stück)
200 g Mohn
5 Eier, 1 Prise Salz
130 Zucker
200 g weiche Butter
60 g Puderzucker
1 EL Orangenlikör (ersatzweise Orangensaft)
200 g gemahlene Hasel- oder Walnüsse
2 EL Aprikosenkonfitüre
Puderzucker zum Bestäuben
Fett und Semmelbrösel für die Form

Österreichischer Mohnkuchen

1. Den Backofen vorheizen. Die Backform fetten, mit Semmelbröseln ausstreuen.

2. Den Mohn mahlen. Die Eier trennen. Die Eiweiße mit Salz steif schlagen, den Zucker einrieseln lassen. Butter mit Puderzucker schaumig schlagen. Zunächst die Eigelbe, dann Orangenlikör, Nüsse und Mohn unterziehen. Den Eischnee unter den Teig heben.

3. Den Teig in die Form füllen. Im Ofen bei 175° (Mitte, Umluft 160°) 1 Std. backen. Den noch warmen Kuchen mit Aprikosenkonfitüre bestreichen. Leicht abgekühlt aus der Form lösen, auf einem Kuchengitter auskühlen lassen.

4. Schmale Papierstreifen diagonal auf den Kuchen legen. Mit Puderzucker bestäuben, die Papierstreifen vorsichtig entfernen.

Zubereitung: 30 Min.	
Backzeit: 1 Std.	Pro Stück ca.: 510 kcal

Für 1 Springform von 24 cm Ø
(12 Stück)
Für den Mürbeteig:
200 g weiche Butter
100 g Zucker,1 Ei
1 EL Armagnac (wer mag)
300 g Mehl
Für die Füllung:
1 Päckchen Vanille-Puddingpulver (zum Kochen für 500 ml Milch)
250 ml Milch
80 g Zucker
3 Eigelbe
100 g geschälte gemahlene Mandeln
2 Tropfen Bittermandelöl
2 EL Armagnac (wer mag)
Fett für die Form, Mehl zum Arbeiten

Baskischer Kuchen

1. Butter und Zucker schaumig schlagen. Ei und Armagnac unterrühren. Mit dem Mehl zu einem glatten Teig verkneten. Den Teig in Klarsichtfolie wickeln und kühl stellen.

2. Das Puddingpulver mit 4 EL Milch verrühren. Die übrige Milch erhitzen, den Zucker und das Puddingpulver einrühren, nach Packungsangabe aufkochen und abkühlen lassen. 2 Eigelbe, Mandeln, Bittermandelöl und – wer mag – Armagnac unterrühren. Den Backofen vorheizen. Die Backform fetten.

3. Den Teig halbieren und auf bemehlter Arbeitsfläche 2 Teigplatten ausrollen. Mit der ersten Teigplatte die Form auskleiden, dabei einen 3 cm hohen Rand formen. Die Creme darauf verteilen und mit der zweiten Teigplatte bedecken. Die Ränder gut andrücken.

4. Mit einem Holzstäbchen kleine Löcher in die Oberfläche stechen. Das Eigelb mit 1 EL Wasser verrühren. Die Oberfläche und den Rand des Kuchens damit bestreichen. Im Ofen bei 175° (Mitte, Umluft 160°) in 40 Min. goldbraun backen.

Tipp

Den Rand mit einer Teigkordel verzieren, leicht andrücken. Danach mit Eigelb bestreichen.

Zubereitung: 50 Min.	
Backzeit: 40 Min.	Pro Stück ca.: 380 kcal

Panettone

Für 2 Panettoneformen von 750 ml Inhalt (à 8 Stück)

Für die Früchtemischung:

100 g Rosinen
40 g fein gewürfeltes Zitronat
40 g fein gewürfeltes Orangeat
2 EL Rum

Für den Hefeteig:

1/2 Würfel Hefe (21 g)
200 ml lauwarme Milch
500 g Mehl
50 g Zucker
1 Päckchen Vanillezucker
1/4 TL Salz
2 Eigelbe
1 Ei
100 g weiche Butter
1 TL Orangenschale
1 TL Zitronenschale
1/4 TL Anispulver
40 g Pinienkerne
30 g Butter zum Bestreichen
Fett für die Formen

Tipp

Panettone ist ursprünglich ein Mailänder Weihnachtskuchen. Der Kuchen aus zartem Hefeteig mit kandierten Früchten hält sich lange und ist ein ideales Backwerk für die Winterzeit.

1. Die Rosinen waschen, mit Küchenpapier trockentupfen, mit Zitronat, Orangeat und Rum mischen. Zugedeckt beiseite stellen.

2. Die Hefe zerbröckeln, mit 100 ml Milch anrühren und mit 100 g Mehl glatt rühren. Zugedeckt an einem warmen Ort 1 Std. gehen lassen.

3. Zucker, Vanillezucker und Salz mit 100 ml Milch verrühren, die Eigelbe und das Ei einrühren. Das restliche Mehl mit der Eiermilch, Butter, Orangenschale, Zitronenschale und Anispulver gut verrühren. Zum Vorteig geben und in 5 Min. zu einem glatten, elastischen Teig verkneten. Zugedeckt weitere 30 Min. an einem warmen Ort aufgehen lassen.

4. Die marinierten Früchte und die Pinienkerne unter den Teig kneten. Die Formen fetten. Den Teig in die Formen füllen. Zugedeckt in 50 Min. zur doppelten Größe aufgehen lassen.

5. Den Backofen vorheizen. Den Teig über Kreuz einschneiden. Im Ofen bei 175° (unten, Umluft 160°) 50 Min. backen. Nach 15 Min. Backzeit die Butter zerlassen und die Einkerbungen damit bestreichen.

Tipp

Wenn Sie keine Panettoneform besitzen, können Sie den Panettone auch in einer Gugelhupfform backen. Schön sind auch konische Backformen. Oder verwenden Sie kleine Springformen von 16–18 cm ø und kleiden diese mit einem Ring aus Backpapier (18–20 cm Höhe) aus. Gut fetten, mit dem Teig füllen und wie beschrieben backen.

Zubereitung: 1 Std.	Ruhezeit: 2 Std. 25 Min.
Backzeit: 50 Min.	Pro Stück ca.: 260 kcal

Für 1 Roulade (12 Stück)
Für den Biskuit:
6 Eier
1 Prise Salz
100 g Zucker
100 g Mehl
Für die Creme:
200 g weiche Butter
150 g Zucker
100 g Zartbitterschokolade
2 TL Kakaopulver
4 Eigelbe
1 Ei
Kandierte Früchte für die Garnitur
Backpapier für das Blech

Tipp

Ursprünglich ist Bûche de Noel ein traditionelles Weihnachtsgebäck in Frankreich und Belgien. Übersetzt heißt der Kuchen »Weihnachtsscheit«.
Doch mittlerweile wird er zu jeder Jahreszeit als ein ganz besonderer Kuchen serviert.

Bûche de Noel

1. Den Backofen vorheizen. Das Backblech mit Backpapier belegen.

2. Die Eier trennen. Die Eiweiße mit Salz steif schlagen, 30 g Zucker einrieseln lassen. Die Eigelbe mit dem restlichen Zucker cremig rühren. Den Eischnee darauf geben, das Mehl darüber sieben, unterheben.

3. Die Biskuitmasse gleichmäßig auf dem Blech verstreichen. Im Ofen bei 200° (Mitte, Umluft 180°) 12 Min. backen. Ein leicht angefeuchtetes Küchentuch mit Zucker bestreuen. Die Biskuitplatte darauf stürzen, das Backpapier abziehen. Die Biskuitplatte mit Hilfe des Tuches einrollen und abkühlen lassen.

4. Butter und Zucker im Wasserbad weißcremig rühren, bis sich der Zucker gelöst hat. Die Schokolade in Stücke brechen, im Wasserbad schmelzen lassen und mit dem Kakaopulver unter die Buttermasse rühren. Die Eigelbe und das Ei einzeln einrühren. Die Schokoladencreme 20 Min. kühl stellen.

5. Den Biskuit ausrollen. Die Hälfte der Schokoladencreme darauf verteilen, dabei einen etwa 2 cm breiten Rand an der breiten Seite frei lassen. Von der Breitseite her aufrollen.

6. Die Roulade mit der restlichen Schokoladencreme rundum bestreichen. Mit einer Gabel oder einem Garnierkamm längs ein Wellenmuster einritzen. Über Nacht kühl stellen. Vor dem Servieren mit den kandierten Früchten dekorieren.

Variante

Das Mehl für den Biskuit mit 2 TL Kakaopulver mischen und unterheben. Den Biskuit wie beschrieben backen und einrollen.
Für die Creme 100 g weiße Schokolade und 100 g Crème fraîche unter Rühren schmelzen und abkühlen lassen. 300 g Sahne steif schlagen, 1 TL abgeriebene Orangenschale und die Schokoladenmasse löffelweise unterrühren. Die Creme wie beschrieben auf der Biskuitplatte verstreichen. Zur Roulade aufrollen und über Nacht kühl stellen. Am nächsten Tag 150 g dunkle Schokoladenglasur schmelzen und die Roulade damit überziehen.

Tipp

100 g Marzipan mit 1 Tropfen grüner Speisefarbe einfärben. Zwischen Klarsichtfolie ausrollen. Kleine Blätter formen. Die Roulade mit Marzipanblättchen und kandierten Kirschen dekorieren.

Zubereitung: 1 Std.	Ruhezeit: 20 Min. + 12 Std.
Backzeit: 12 Min.	Pro Stück ca.: 350 kcal

Sieneser Reistorte

Für 1 Springform von 26 cm Ø
(12 Stück)
Für den Teig:
1 l Milch, 1 Prise Salz
1 TL abgeriebene Zitronenschale
150 g Zucker
250 g Milchreis
30 g Pistazien
50 g Walnusskerne
100 g kandierte Früchte (fertige Mischung aus dem Backregal)
3 Eier
50 g Pinienkerne
Puderzucker zum Bestäuben
Fett und Semmlbrösel für die Form

1. Die Milch mit Salz, Zitronenschale und 50 g Zucker aufkochen. Den Reis dazugeben und bei schwacher Hitze in 35–40 Min. ausquellen lassen.

2. Den Backofen vorheizen. Die Backform fetten, dünn mit Semmelbröseln ausstreuen. Pistazien und Walnüsse grob hacken. Kandierte Früchte fein hacken. Die Eier trennen. Die Eiweiße steif schlagen. Die Eigelbe mit 100 g Zucker schaumig rühren. Mit Reis, Nüssen, Früchten und Pinienkernen gut verrühren. Den Eischnee unterheben.

3. Den Teig in die Form füllen. Im Ofen bei 160° (Mitte, Umluft 140°) 1 Std. backen. In der Form auskühlen lassen. Danach vorsichtig aus der Form lösen und mindestens 3 Std. kühl stellen. Vor dem Servieren mit Puderzucker bestäuben.

Zubereitung: 1 Std.	Ruhezeit: 3 Std.
Backzeit: 1 Std.	Pro Stück ca.: 300 kcal

New York Chocolate Cheesecake

Für 1 Springform von 24 cm Ø
(10 Stück)
Für den Boden:
200 g Amarettini (italienische Mandelkekse)
100 g Butter
Für den Belag:
200 g weiße Schokolade
100 g Crème double (ersatzweise Crème fraîche)
600 g Frischkäse
1 Päckchen Vanillezucker
100 g Puderzucker
50 g gekühlte weiße Schokolade
Fett für die Form

1. Den Backofen vorheizen. Die Kekse in einen Gefrierbeutel geben, mit dem Nudelholz fein zerbröseln. Die Butter zerlassen und mit den Amarettinibröseln verrühren. Die Masse in der Backform verteilen und gut andrücken. Im Ofen bei 175° (Mitte, Umluft 160°) 10 Min. backen.

2. Die Schokolade hacken und zusammen mit Crème double bei schwacher Hitze schmelzen lassen. Frischkäse, Vanillezucker und Puderzucker glatt rühren. Die abgekühlte Schokoladencreme unterrühren. Auf dem Amarettiniboden verteilen, glatt streichen. Den Kuchen zugedeckt 6 Std. kühl stellen.

3. Den Kuchen vorsichtig aus der Form lösen. Die Schokolade mit einem Messer in Späne hobeln und den Kuchen damit garnieren.

Zubereitung: 40 Min.	Ruhezeit: 6 Std.
Backzeit: 10 Min.	Pro Stück ca.: 510 kcal

Brasilianischer Kuchen

Für 1 Kranz- oder Gugelhupfform von 1,5 l (12 Stück)
Für den Rührteig:
3 Limetten
6 Eier, 1 Prise Salz
50 g Zucker
300 g weiche Butter
200 g brauner Zucker
100 ml Zuckerrohrschnaps (z. B. Cachaça)
350 g Mehl
1 TL Backpulver
100 g Speisestärke
Für die Glasur:
2 EL Aprikosenkonfitüre
1 Limette
2 EL Zucker
150 g Puderzucker
1 EL Zuckerrohrschnaps
Fett und Semmelbrösel für die Form

1. Den Backofen vorheizen. Die Backform fetten, dünn mit Semmelbröseln ausstreuen, kühl stellen.

2. Die Limetten waschen, trockenreiben. Die Schale abreiben, den Saft auspressen. Die Eier trennen. Die Eiweiße mit Salz steif schlagen, den Zucker unter Rühren einrieseln lassen. Butter und braunen Zucker schaumig schlagen. Zunächst die Eigelbe einzeln, dann Limettenschale, -saft und den Zuckerrohrschnaps unterrühren. Vom Eischnee 1 EL für die Glasur beiseite stellen, den Rest auf den Teig geben. Mehl, Backpulver und Speisestärke darüber sieben, unterheben.

3. Den Teig in die Form füllen. Im Ofen bei 175° (Mitte, Umluft 160°) 55–60 Min. backen. Leicht abgekühlt aus der Form lösen. Die Aprikosenkonfitüre erwärmen. Den Kuchen damit bestreichen und auf einem Kuchengitter auskühlen lassen.

4. Für die Glasur die Limette waschen, trockenreiben. Die Schale abreiben, den Saft auspressen. Limettenschale und Zucker mischen. Den Puderzucker mit 1 EL Eischnee, Limettensaft und Zuckerrohrschnaps glatt rühren. Den Kuchen damit glasieren und mit der Limettenschale garnieren.

Variante

Sie können den Kuchen auch mit Limettensirup tränken. Dafür 50 ml Wasser mit dem Saft von 1 Limette, 50 g Zucker und 1 EL Zuckerrohrschnaps aufkochen und sirupartig einkochen lassen. 1 Limette waschen, trockenreiben und in Scheiben schneiden. Die Limettenscheiben kurz in den Zuckersirup tauchen, herausnehmen und abtropfen lassen.
Den noch warmen Kuchen mit einem Holzstäbchen mehrfach einstechen, mit dem Sirup tränken. Mit Aprikosenkonfitüre bestreichen. Mit Puderzuckerglasur glasieren und mit den Limettenscheiben dekorieren.

Tipp

Den Kuchen in einer Springform (28–30 cm ø) backen.

Zubereitung: 50 Min.	
Backzeit: 60 Min.	Pro Stück ca.: 480 kcal

Karibischer Zimtkuchen

Für 1 Tarteform von 30 cm Ø
(12 Stück)
Für den Mürbeteig:
250 g Mehl, 1 Prise Salz
70 g Puderzucker
150 g kalte Butter in Flöckchen
1 Ei
Für den Belag:
1 reife Banane
200 g Sahne, 2 Zimtstangen
50 g Kokosflocken
3 Eier, 125 g Zucker
3 TL Zimtpulver
1 Msp. Muskatblüte
200 g gemahlene Mandeln
1 EL Rum
Puderzucker zum Bestäuben
Fett für die Form
Mehl zum Arbeiten

1. Die Backform fetten. Mehl, Salz und Puderzucker mischen. Mit Butter und Ei rasch zu einem glatten Teig verarbeiten. Den Teig auf bemehlter Arbeitsfläche ausrollen, die Form damit auskleiden. Kühl stellen.

2. Die Banane schälen und in Scheiben schneiden. Mit der Sahne und den Zimtstangen erhitzen, vom Herd nehmen und zugedeckt 10 Min. ziehen lassen. Die Zimtstangen herausnehmen, die Bananensahne pürieren.

3. Die Kokosflocken in einer Pfanne ohne Fett leicht rösten. Den Backofen vorheizen. Eier, Zucker, Zimtpulver und Muskatblüte schaumig rühren. Zunächst die Bananensahne, dann Mandeln, Kokosflocken und Rum unterrühren.

4. Den Teig in die Form füllen. Im Ofen bei 175° (Mitte, Umluft 160°) 35 Min. backen. Leicht abgekühlt aus der Form lösen, auf einem Kuchengitter auskühlen lassen. Vor dem Servieren mit Puderzucker bestäuben.

Zubereitung: 40 Min.	
Backzeit: 35 Min.	Pro Stück ca.: 440 kcal

Haitianischer Kokoskuchen

Für 1 Springform von 24 cm Ø
(12 Stück)
Für den Biskuit:
3 Eier
90 Zucker
90 g Kokosflocken
2 TL Kakaopulver
Für den Belag:
150 g Ananaskonfitüre
1 EL weißer Rum (wer mag)
3 Eiweiße, 1 Prise Salz
150 g Zucker
100 g Kokosflocken
60 g kandierte fein gewürfelte Ananas
Backpapier für die Form

1. Den Backofen vorheizen. Die Backform mit Backpapier belegen. Eier und Zucker weißcremig schlagen. Kokosflocken und Kakao unterheben. Im Ofen bei 200° (Mitte, Umluft 180°) 20 Min. backen. Leicht abgekühlt aus der Form lösen, auf einem Kuchengitter auskühlen lassen.

2. Ananaskonfitüre mit Rum – wer mag – glatt rühren. Die Eiweiße mit Salz steif schlagen, die Hälfte des Zuckers einrieseln lassen. Den restlichen Zucker, die Kokosflocken und zwei Drittel der Ananaswürfel unterheben. Den Backofen vorheizen.

3. Den Biskuit einmal quer durchschneiden. Einen Biskuitboden wieder auf den Formboden legen. Mit der Hälfte der Ananaskonfitüre bestreichen. Den zweiten Boden aufsetzen und mit der restlichen Konfitüre bestreichen. Die Kokosmasse auf dem Biskuit verteilen. Mit einem Löffel kleine Spitzen nach oben ziehen. Mit den restlichen Ananaswürfeln bestreuen.

4. Im Ofen bei 150° (unten, Umluft 130°) 20 Min. backen, bis das Kokosbaiser leicht gebräunt ist. Die Backtemperatur auf 100° reduzieren, und den Kokoskuchen bei leicht geöffneter Ofentür noch 20 Min. im Backofen trocknen.

Zubereitung: 30 Min.	
Backzeit: 60 Min.	Pro Stück ca.: 250 kcal

Für 1 Springform von 26 cm Ø
(12 Stück)
Für den Mürbeteig:
350 g Mehl
1 TL abgeriebene Zitronenschale
180 g Zucker
200 g kalte Butter in Flöckchen
1 Ei, 1 Eigelb
Für die Füllung:
200 g Walnusskerne
200 g Haselnusskerne
150 g Zucker
200 g Sahne
4 EL Honig
2 EL Kirschwasser
Fett für die Form, Mehl zum Arbeiten
1 Eigelb zum Bestreichen

Walliser Nusstorte

1. Das Mehl in eine Schüssel sieben, eine Vertiefung in die Mitte drücken. Zitronenschale, Zucker und Butter auf dem Rand verteilen, Ei und Eigelb verquirlen und in die Mulde gießen. Rasch zu einem glatten Teig verkneten. In Klarsichtfolie wickeln und kühl stellen.

2. Inzwischen für die Füllung Walnuss- und Haselnusskerne grob hacken. Den Zucker in einer beschichteten Pfanne oder einem Topf mit dickem Boden bei schwacher Hitze schmelzen lassen. Die Sahne und den Honig hinzufügen, unter Rühren etwa 10 Min. köcheln lassen bis sich die Masse löst. Die Nüsse hinzufügen, das Kirschwasser unterrühren. Vom Herd nehmen und abkühlen lassen.

3. Den Backofen vorheizen. Die Backform fetten. Die Hälfte des Teiges auf bemehlter Arbeitsfläche ausrollen. Die Form damit auskleiden, einen 2 cm hohen Rand formen. Die Nussmasse darauf verstreichen.

4. Von der zweiten Teighälfte etwas Teig für die Garnitur beiseite legen. Den restlichen Teig dünn ausrollen. Auf die Nussschicht legen und den Rand gut andrücken. Die Kuchenoberfläche mit Eigelb bestreichen. Den restlichen Teig ausrollen und kleine Blätter ausschneiden. Den Kuchen damit garnieren. Im Ofen bei 175° (Mitte, Umluft 160°) in 45 Min. goldbraun backen.

5. Leicht abgekühlt aus der Form lösen, auf einem Kuchengitter auskühlen lassen. Den Kuchen 2 Tage durchziehen lassen.

Variante

200 g Mehl mit 75 g Zucker, 100 g kalte Butter in Flöckchen und 1 Ei rasch zu einem glatten Mürbeteig verkneten.
Die Backform fetten. Den Teig auf bemehlter Arbeitsfläche ausrollen und in die Form legen, einen 2 cm hohen Rand formen.
300 g gemahlene Walnusskerne mit 100 g Puderzucker und 2 EL Mehl mischen. Mit 150 g Crème fraîche oder Crème double und 1 Ei gut verrühren. 3 EL Kirschwasser oder Nusslikör unterrühren.
Den Backofen vorheizen. Die Nussmasse auf dem Mürbeteigboden verteilen. Im Ofen bei 175° (Mitte, Umluft 160°) 40 Min. backen.

Tipp

Die Walliser Nusstorte entfaltet ihr volles Aroma erst nach 1–2 Tagen. In Folie eingepackt hält sie sich an einem kühlen Ort mindestens 10 Tage.

Zubereitung: 1 Std. 10 Min.	Ruhezeit: 2 Tage
Backzeit: 45 Min.	Pro Stück ca.: 670 kcal

Festtags-Kuchen

Für Gäste und Feste

Natürlich darf es etwas aufwändiger sein, wenn Sie Freunde und liebe Gäste mit ihren Backkünsten beeindrucken möchten. Muss es aber nicht. Auch mit einfachen Zutaten und kinderleichter Zubereitung lassen sich Backideen umsetzen, die zum krönenden Mittelpunkt jeder Kaffeetafel werden.

Kein Gast wird beim Schoko-Klassiker Rehrücken, bei fruchtigem Apfelstrudel, feinem Baumkuchen oder Orangensavarin widerstehen können! Das Wichtigste ist, dass die Kuchen mit Liebe gebacken sind.

Espresso-Mascarponekuchen

Für 1 Springform von 20–22 cm Ø (8 Stück)
2 Eier, 50 g Zucker, 50 g Mehl
1 TL Kakao
1 TL Espressopulver
100 g Zartbitterschokolade
50 ml frisch gekochter, starker Espresso
200 g Mascarpone, 300 g Magerquark
2 EL Kaffeelikör (ersatzweise 1 EL Espresso)
50 g Puderzucker, 150 g Sahne
1 EL Kakaopulver, Backpapier für die Form

1. Backofen vorheizen. Backform mit Backpapier belegen. Eier mit Zucker schaumig schlagen. Mehl, Kakao- und Espressopulver unterziehen. Den Teig in die Form füllen. Im Ofen bei 175° (Mitte, Umluft 160°) 20 Min. backen. Auskühlen lassen.

2. Einen Tortenring um den Boden legen. 50 g Schokolade im heißen Espresso auflösen, auf den Boden streichen. Mascarpone, Quark, Kaffeelikör und Puderzucker verrühren. Die Sahne steif schlagen, unterheben. Sahnecreme auf dem Boden verstreichen. 50 g Schokolade in dünne Späne hobeln. Den Kuchen damit garnieren, mit Kakaopulver bestäuben. 3 Std. kühl stellen.

Zubereitung: 50 Min.	Kühlzeit: 3 Std.
Backzeit: 20 Min.	Pro Stück ca.: 373 kcal

Preiselbeer-Sahne-Kuchen

Für 1 Springform von 26 cm Ø (12 Stück)
Für den Schokoladenrührteig:
200 g weiche Butter, 100 g Zucker
6 Eier, 120 g Kakaopulver (z. B. Kaba)
250 g gemahlene Haselnüsse
3/4 TL Backpulver
400 g Sahne, 1 EL Puderzucker
2 Päckchen Sahnesteif
200 g Preiselbeeren (aus dem Glas)
Fett für die Form

1. Backofen vorheizen. Backform fetten. Butter und Zucker schaumig schlagen. Eier unterrühren. Kakaopulver, Nüsse und Backpulver mischen, unterziehen. Den Teig in die Form füllen. Im Ofen bei 175° (Mitte, Umluft 160°) 40 Min. backen. Abgekühlt aus der Form lösen, auskühlen lassen.

2. Sahne mit Puderzucker und Sahnesteif steif schlagen. Preiselbeeren löffelweise unterheben. Einen Tortenring um den Boden legen. Preiselbeersahne auf dem Boden verstreichen. Mindestens 2 Std. kühl stellen.

Zubereitung: 30 Min.	Kühlzeit: 2 Std.
Backzeit: 40 Min.	Pro Stück ca.: 501 kcal

Rehrücken

Für 1 Rehrückenform von 1 l Inhalt (16 Stück)
Für den Schokoladenbiskuit:
100 g Zartbitterkuvertüre
4 Eier, 1 Prise Salz
100 g weiche Butter
100 g Zucker, 50 g Speisestärke
100 g gemahlene Mandeln, 50 g Mehl
1/4 TL Backpulver, 1 TL Kakaopulver
Für die Glasur:
100 g Vollmilchkuvertüre
50 g Schokoladenglasur, 60 g Mandelstifte
Kakao zum Bestäuben
Fett für die Form

1. Backofen vorheizen. Backform fetten. Kuvertüre im Wasserbad schmelzen. Eier trennen. Eiweiße mit Salz steif schlagen. Butter und Zucker schaumig schlagen, mit Kuvertüre und Eigelben cremig rühren. Speisestärke und Mandeln unterziehen. Eischnee darauf geben, Mehl, Backpulver und Kakaopulver darüber sieben, unterheben. In die Form füllen. Im Ofen bei 175° (unten, Umluft 160°) 50 Min. backen. Aus der Form lösen, auskühlen lassen.

2. Kuvertüre und Schokoladenglasur im Wasserbad schmelzen. Den Rehrücken damit überziehen, mit den Mandelstiften spicken. Nach Belieben mit Kakao bestäuben.

Zubereitung: 30 Min.
Backzeit: 50 Min.
Pro Stück ca.: 338 kcal

Baiser-Törtchen

Für 8 Törtchen
4 Eiweiße, 1 Prise Salz, 200 g Zucker
1 EL Speisestärke
Für den Belag:
2 Kiwis, 1 Dose Mandarinen (425 g Inhalt)
200 g Walderdbeeren, 1 EL Puderzucker
250 ml heller Fruchtsaft, 1 EL Zucker
1 Päckchen klarer Tortenguss, Backpapier

1. Eiweiße mit Salz steif schlagen, 150 g Zucker einrieseln lassen. 50 g Zucker mit Speisestärke mischen und unterheben. Backofen vorheizen. Backblech mit Backpapier belegen. Die Baisermasse in einen Spritzbeutel mit gezackter Tülle füllen. Auf das Blech 8 Tortelettes (ca. 6 cm Ø) spritzen. Im Ofen bei 100° (keine Umluft) 1 Std. trocknen lassen. Herausnehmen und auskühlen lassen.

2. Kiwis schälen, in dünne Scheiben schneiden. Mandarinen abtropfen lassen. Erdbeeren putzen, waschen, trockentupfen. Die Früchte mit Puderzucker bestäuben. Baisertörtchen damit garnieren. Fruchtsaft, Zucker und Tortenguss verrühren, nach Packungsangaben einen Tortenguss kochen und die Früchte damit überziehen.

Zubereitung: 40 Min.
Backzeit: 1 Std.
Pro Stück ca.: 167 kcal

Weiße Schokoladentorte

Für 1 Springform von 24 cm Ø
(12 Stück)
Für die Creme:
150 g weiße Schokolade
150 g Crème fraîche
2 EL Puderzucker
400 g Sahne
Für den Mandelbiskuit:
6 Eier, 1 Prise Salz
250 g Zucker
200 g gemahlene Mandeln
1 EL Speisestärke
Backpapier für die Form
Kandierte Rosenblüten für die Dekoration (Fertigprodukt aus dem Backregal)

Tipp

Noch hübscher sieht die Dekoration mit selbst kandierten Rosenblüten aus (s. S. 139).

1. Für die Creme die Schokolade in Stücke brechen. Crème fraîche mit Puderzucker erhitzen. Die Schokolade darin unter Rühren schmelzen lassen. Zum Abkühlen 30 Min. kühl stellen.

2. Den Backofen vorheizen. Die Backform mit Backpapier belegen. Die Eier trennen. Die Eiweiße mit Salz steif schlagen, Zucker und Eigelbe unter Rühren hinzufügen. Die Mandeln mit Speisestärke mischen und unterheben.

3. Den Teig in die Form füllen. Im Ofen bei 175° (Mitte, Umluft 160°) 30 Min. backen. Leicht abgekühlt aus der Form lösen, auf einem Kuchengitter auskühlen lassen.

4. Die Sahne steif schlagen, die abgekühlte Schokoladenmasse löffelweise einrühren. Den Mandelbiskuit einmal quer durchschneiden. Den Boden mit einem Drittel der Schokoladensahne bestreichen. Den zweiten Boden aufsetzen, rundum mit Schokoladensahne bestreichen. Mit den kandierten Rosenblüten dekorieren.

Zubereitung: 45 Min.	Kühlzeit: 30 Min.
Backzeit: 30 Min.	Pro Stück ca.: 446 kcal

Käse-Sahne-Kuchen

Für 1 Springform von 24 cm Ø
(12 Stück)
Für den Biskuit:
30 g Butter
2 Eier, 1 Prise Salz
100 g Zucker
60 g Mehl
Für den Belag:
6 Blatt Gelatine
4 EL Milch
3 Eigelbe
100 g Puderzucker
500 g Schichtkäse
2 EL Zitronensaft
500 g Sahne
Backpapier für die Form
Puderzucker zum Bestäuben

1. Den Backofen vorheizen. Die Backform mit Backpapier belegen. Die Butter zerlassen. Die Eier trennen. Die Eiweiße mit Salz steif schlagen, unter Rühren Zucker und Eigelbe hinzufügen. Das Mehl und die Butter unterziehen.

2. Den Teig in die Form füllen. Im Ofen bei 175° (Mitte, Umluft 160°) 20 Min. backen. Leicht abgekühlt aus der Form nehmen, auf einem Kuchengitter auskühlen lassen.

3. Die Gelatine 5 Min. in der Milch einweichen. Gelatine abtropfen lassen, die Milch leicht erwärmen, die Gelatine darin auflösen. Die Eigelbe mit Puderzucker im Wasserbad dickcremig schlagen, die Gelatinemilch unterrühren. Den Schichtkäse mit dem Zitronensaft glatt rühren, mit der Gelatinecreme verrühren. Die Sahne steif schlagen und unterheben.

4. Den Biskuit einmal quer durchschneiden. Den unteren Boden mit einem Tortenring umschließen. Die Käsesahnecreme darauf verteilen und glatt streichen. Den zweiten Boden in 12 Stücke schneiden und auf die Käsecreme legen. Mindestens 2 Std. kühl stellen. Vor dem Servieren mit Puderzucker bestäuben.

Zubereitung: 40 Min.	Kühlzeit: 2 Std.
Backzeit: 20 Min.	Pro Stück ca.: 302 kcal

Wiener Apfelstrudel

Für 1 Strudel (12 Stück)
Für den Strudelteig:
250 g Mehl
1/4 TL Salz
4 EL Öl
Für die Füllung:
1,5 kg säuerliche Äpfel (z. B. Boskoop)
50 g Rosinen
80 g Zucker
1/4 TL Zimtpulver
100 g Sahne
60 g Semmelbrösel
80 g Walnusskerne
80 g Butter
3 EL Milch
Mehl zum Arbeiten
Fett für das Blech
Puderzucker zum Bestäuben

1. Das Mehl mit Salz in eine Schüssel sieben, eine Vertiefung hineindrücken. 3 EL Öl und 125 ml lauwarmes Wasser in die Vertiefung gießen. Zu einem glatten, elastischen Teig verarbeiten. Den Teig zu einer Kugel formen, mit 1 EL Öl bestreichen. In einem Gefrierbeutel an einem warmen Ort 20 Min. ruhen lassen.

2. Inzwischen die Äpfel schälen, vierteln, Kerngehäuse entfernen. Die Viertel quer in dünne Scheiben schneiden. Die Rosinen waschen. Mit den Apfelscheiben, Zucker, Zimt und Sahne mischen. Die Semmelbrösel in einer Pfanne ohne Fett leicht rösten. Die Walnusskerne grob hacken. Die Butter zerlassen.

3. Den Backofen vorheizen. Das Backblech fetten. Den Teig auf einem bemehlten Tuch ausrollen, danach – auf dem Tuch – über die Handrücken hauchdünn ausziehen. Mit Butter bestreichen und mit Semmelbröseln bestreuen. Die Apfelmischung darauf verteilen, mit den Nüssen bestreuen.

4. Den Strudel mit Hilfe des Tuches einrollen. Mit der Nahtstelle nach unten auf das Blech gleiten lassen. Mit Milch bestreichen und im Ofen bei 200° (Mitte, Umluft 180°) 40 Min. backen. Den Strudel noch lauwarm dick mit Puderzucker bestreuen.

Variante

Strudelteig
Sie können den Strudelteig auch wie beschrieben aus 250 g Mehl, 1 Prise Salz, 2 EL zerlassener Butter, 1 Ei, 1 EL Öl und 125 ml Wasser herstellen.
Dieser Teig wird noch zarter.

Tipp

Den Apfelstrudel mit Vanillesauce oder mit Vanillezucker gewürzter Schlagsahne servieren.
Die Füllung mit frischen Aprikosen oder Birnen zubereiten.

Variante

Früchtestrudel
Strudelteig wie im Grundrezept beschrieben zubereiten.
100 g getrocknete Datteln, 50 g getrocknete Aprikosen, 50 g getrocknete Feigen und 100 g Dörrbirnen klein schneiden. Mit 2 EL Zitronensaft gut mischen.
150 g weiche Butter mit 2 EL Puderzucker, 1 EL Speisestärke und 4 Eigelben schaumig rühren. Die Früchte untermischen. Die Eiweiße steif schlagen, 50 g Zucker einrieseln lassen. Eischnee und 100 g Pinienkerne oder Mandelstifte unter die Buttermasse ziehen.
Den Strudelteig wie beschrieben hauchdünn ausrollen. Mit 2 EL zerlassener Butter bestreichen. Die Füllung darauf verteilen, den Strudel einrollen und mit zerlassener Butter bestreichen. Wie beschrieben backen. Ab und zu mit zerlassener Butter bestreichen.

Zubereitung: 45 Min.
Backzeit: 40 Min.
Pro Stück ca.: 320 kcal

Für 1 Backblech (12 Stück)
Für den Biskuit:
6 Eier, 1 Prise Salz
100 g Zucker
100 g Mehl
3 TL Kakao
Für die Füllung:
500 g Sauerkirschen
(ersatzweise 1 Glas Sauerkirschen à 700 g Inhalt)
1 Päckchen Vanillezucker
400 g Sahne
1 Päckchen Sahnesteif
1 EL Kirschwasser (wer mag)
Für die Dekoration:
50 g Zartbitterkuvertüre
Backpapier für das Blech
Zucker zum Arbeiten

Schwarzwälder Rolle

1. Den Backofen vorheizen. Das Blech mit Backpapier belegen. Die Eier trennen. Die Eiweiße mit Salz steif schlagen. Die Eigelbe mit Zucker dickcremig schlagen. Mehl mit Kakao mischen. Den Eischnee darauf geben, die Mehlmischung darüber sieben, unterheben.

2. Den Teig gleichmäßig auf dem Backblech verstreichen. Im Ofen bei 200° (Mitte, Umluft 180°) 12 Min. backen. Auf ein leicht angefeuchtetes, mit Zucker bestreutes Tuch stürzen, das Backpapier abziehen. Den Biskuit mit Hilfe des Tuches von der Längsseite her aufrollen. Abkühlen lassen.

3. Die Kirschen in einem Sieb abtropfen lassen. Mit dem Vanillezucker mischen. Die Kuvertüre in Stücke brechen und im heißen Wasserbad unter Rühren schmelzen lassen. Sofort auf eine mit Öl gefettete Platte gießen und fest werden lassen.

4. Die Sahne mit Sahnesteif steif schlagen. Das Kirschwasser – wer mag – unterrühren. Die Biskuitplatte wieder entrollen. Ein Drittel der Sahne darauf verstreichen. Die Kirschen gleichmäßig darauf verteilen. Den Biskuit von der Längsseite her wieder locker aufrollen.

5. Die Rolle auf eine Platte heben und rundum mit der restlichen Sahne bestreichen. Die Schokolade mit Hilfe eines kleinen Spatels in Röllchen von der Platte schaben. Die Oberfläche der Schwarzwälder Rolle mit den Röllchen garnieren. Die Rolle mindestens 1 Std. kühl stellen.

Variante

Himbeerroulade
Den Biskuit wie beschrieben backen und aufrollen.

500 g Himbeeren verlesen, einige schöne für die Garnitur beiseite legen. Die Hälfte der Himbeeren mit 300 g Puderzucker pürieren. 400 g Sahne mit 1 Päckchen Sahnesteif und 1 Päckchen Vanillezucker steif schlagen. Das Himbeerpüree unter die Hälfte der Sahne ziehen. Den Biskuit entrollen und mit Himbeersahne bestreichen. Die Himbeeren darauf verteilen, locker aufrollen und auf eine Platte legen. Mit der restlichen Sahne überziehen. Mit Himbeeren und Minzeblättchen garnieren und mindestens 1 Std. kühl stellen.

Zubereitung: 50 Min.
Backzeit: 12 Min.
Kühlzeit: 1 Std.
Pro Stück ca.: 270 kcal

Kolatschen

Für 12 Kolatschen
Für den Quark-Hefeteig:
400 g Mehl
1 Päckchen Trockenhefe
250 g Magerquark
2 EL Zitronensaft
100 ml lauwarme Milch
60 g Zucker
75 g Butter
1 Ei, 1 Prise Salz
Für den Belag:
12 Aprikosenhälften (aus der Dose)
250 g Magerquark
1 Päckchen Vanille-Saucenpulver
50 g Zucker
1 Ei
1 TL Zitronenschale
150 g Pflaumenmus
250 g Mohn-Back
150 g Puderzucker
4 EL lauwarme Milch
Backpapier für das Blech
Mehl zum Arbeiten

1. Das Mehl mit der Trockenhefe mischen. Quark, Zitronensaft, Milch, Zucker, Butter, Ei und Salz verrühren, zum Mehl geben und alles zu einem glatten Teig verarbeiten. Den Teig zugedeckt 30 Min. an einem warmen Ort aufgehen lassen.

2. Die Aprikosen in einem Sieb abtropfen lassen, in Spalten schneiden. Den Quark mit Saucenpulver, Zucker, Ei und Zitronenschale glatt rühren. Das Backblech mit Backpapier belegen. Den Backofen vorheizen.

3. Den Teig erneut verkneten. Eine Rolle formen, in 12 Scheiben schneiden. Jede Scheibe zu Fladen mit etwas dickerem Rand formen. Auf das Blech legen und nebeneinander jeweils Aprikosenspalten, einen Klecks Quark, Pflaumenmus und Mohn darauf geben.

4. Im Ofen bei 200° (Mitte, Umluft, 180°) 20–25 Min. backen. Den Puderzucker mit Milch zu einer dünnflüssigen Glasur verrühren. Die leicht abgekühlten Kolatschen damit glasieren, auf einem Kuchengitter auskühlen lassen.

Zubereitung: 1 Std.
Backzeit: 25 Min.
Ruhezeit: 30 Min.
Pro Stück ca.: 402 kcal

Amerikaner

Für 12 Stück
Für den Rührteig:
100 g weiche Butter
100 g Zucker
2 Eier
1 Päckchen Sahne-Puddingpulver (zum Kochen für 500 ml Milch)
250 g Mehl
2 TL Backpulver
6 EL Milch
Für den Guss:
200 g Puderzucker
1 TL Kakao
Backpapier für das Blech

1. Den Backofen vorheizen. Das Backblech mit Backpapier belegen. Butter und Zucker schaumig schlagen. Zunächst die Eier, dann das Puddingpulver unterrühren. Mehl mit Backpulver mischen. Abwechselnd mit 4 EL Milch unterrühren.

2. Mit einem Löffel 12 gleich große Teighäufchen abnehmen und auf das Blech setzen. Im Ofen bei 200° (Mitte, Umluft 180°) 10 Min. backen. Mit der restlichen Milch bestreichen und in 5 Min. fertig backen.

3. Die Amerikaner auf einem Kuchengitter auskühlen lassen. 100 g Puderzucker mit 1–2 EL heißem Wasser glatt rühren. 100 g Puderzucker mit Kakao mischen und mit 1–2 EL heißem Wasser verrühren. Die flache Seite der Amerikaner je zur Hälfte mit heller und dunkler Glasur bestreichen.

Zubereitung: 15 Min.
Backzeit: 20 Min.
Pro Stück ca.: 262 kcal

Baumkuchen

Für 1 Springform von 24 cm Ø
(12 Stück)
Für den Rührteig:
6 Eier, 1 Prise Salz
120 g Zucker
150 g Marzipanrohmasse
200 g weiche Butter
100 g Puderzucker
1 Päckchen Vanillezucker
100 g Mehl
Für den Belag:
100 g Aprikosenkonfitüre
2 EL Orangenlikör (wer mag)
200 g Zartbitterkuvertüre
1 EL Kokosfett
Fett und Backpapier für die Form

1. Den Backofen vorheizen. Die Backform mit Backpapier belegen. Den Rand fetten.

2. Die Eier trennen. Die Eiweiße mit Salz steif schlagen, den Zucker einrieseln lassen. Die Marzipanrohmasse klein schneiden. Mit Butter, Puderzucker und Vanillezucker cremig rühren. Die Eigelbe einzeln unterrühren. Den Eischnee und das Mehl unterheben.

3. 2 gehäufte EL Teig auf dem Formboden verstreichen. Im Ofen bei 250° (oben, Umluft 220°) 4 Min. backen. Die Form herausnehmen, 2 EL Teig darauf verstreichen und wiederum 4 Min. backen. So weiter verfahren, bis kein Teig mehr übrig ist. Das sind 10–12 Schichten.

4. Leicht abgekühlt auf ein Kuchengitter stürzen und das Backpapier abziehen. Die Konfitüre erwärmen, durch ein Sieb streichen und – wer mag – mit dem Orangenlikör verrühren. Den Baumkuchen rundum damit bestreichen. Auskühlen lassen.

5. Die Kuvertüre grob hacken und mit dem Kokosfett im Wasserbad schmelzen lassen. Den Kuchen mit der Kuvertüre überziehen und kühl stellen, bis der Überzug getrocknet ist.

Tipp

Der Baumkuchen schmeckt besser, wenn Sie ihn mindestens 1 Tag durchziehen lassen. Und er hält sich gut 1 Woche.

Variante

Den fertigen Kuchen mit Marzipan überziehen. Dafür 200 g Marzipanrohmasse mit 75 g Puderzucker verkneten. Zwischen Klarsichtfolie ausrollen und den Kuchen damit überziehen. Anschließend mit geschmolzener Kuvertüre überziehen.

Dekotipps

100 g Kuvertüre schmelzen lassen und auf eine mit Öl gefettete Platte gießen. Halbfest werden lassen. Mit einem Spachtel oder Messer mit breiter Klinge zu Röllchen oder zu kleinen Schokoladenfächern zusammenschieben. Den Baumkuchen damit garnieren. 12 Stücke auf der Oberfläche markieren und auf jedes Stück eine Minipraline setzen.

Zubereitung: 1 Std. 30 Min.
Backzeit: 50 Min.
Pro Stück ca.: 324 kcal

Für 1 Springform von 24 cm Ø (12 Stück)
Für den Rührteig:
200 g Halbbitterschokolade (min. 70 % Kakaoanteil)
8 Eier, 1 Prise Salz
100 g Zucker
200 g weiche Butter
100 g Puderzucker
75 g geschälte gemahlene Mandeln
75 g Mehl
Für den Guss:
150 g Aprikosenkonfitüre
200 g Zucker
200 g Halbbitterschokolade
Fett und Kakao für die Form

Schokoladenkuchen nach Sacher Art

1. Die Backform fetten, mit Kakao bestäuben und kühl stellen. Die Schokolade im Wasserbad schmelzen lassen. Den Backofen vorheizen.

2. Die Eier trennen. Die Eiweiße mit Salz steif schlagen, den Zucker einrieseln lassen. Die Butter mit Puderzucker, Schokolade und den Eigelben cremig rühren. Die Hälfte des Eischnees unterziehen. Mandeln und Mehl mischen, zusammen mit dem restlichen Eischnee unter den Schokoteig heben.

3. Den Teig in die Form füllen. Im Ofen bei 175° (Mitte, Umluft 160°) 1 Std. backen. Leicht abgekühlt aus der Form lösen. Die Konfitüre erwärmen, durch ein Sieb streichen. Den Kuchen damit überziehen.

4. Für den Guss 125 ml Wasser mit dem Zucker in 5 Min. sirupartig einkochen lassen. Etwas abkühlen lassen. Die Schokolade grob hacken und mit dem Zuckersirup zu einer glatten Masse verrühren. Den Kuchen damit überziehen. Die Glasur über Nacht trocken werden lassen.

Zubereitung: 1 Std.
Backzeit: 1 Std.
Ruhezeit: 8 Std.
Pro Stück ca.: 573 kcal

Für 1 Kastenform von 24 cm Länge (20 Stück)
200 g Kokosfett
1 Ei
80 g Zucker
50 ml Kondensmilch
3 EL Kakaopulver
1 EL Rum (wer mag)
28 Butterkekse
Klarsichtfolie für die Form
Kakaopulver zum Bestäuben

Tipp

Den Kekskuchen kann man gut gekühlt 3–4 Tage aufbewahren.

Kekskuchen

1. Das Kokosfett schmelzen und abkühlen lassen. Die Form mit Klarsichtfolie auslegen. Ei, Zucker, Kondensmilch, Kakaopulver und Rum schaumig rühren. Das flüssige Kokosfett unterrühren.

2. Abwechselnd je 1 Schicht Creme und Butterkekse in die Form schichten. Mit Creme abschließen. Die Kekstorte mindestens 3 Std. kühl stellen.

3. Vor dem Servieren aus der Form lösen, mit Kakaopulver bestäuben und in dünne Scheiben schneiden.

Variante

Espresso-Kekskuchen
Rühren Sie anstelle von Rum 2 TL Instant-Espressopulver unter die Kakaomasse. Durch diese Veränderung erhält der Kuchen ein ganz neues Aroma!

Zubereitung: 30 Min.
Kühlzeit: 3 Std.
Pro Stück ca.: 150 kcal

Für 1 Springform von 24 cm Ø
(12 Stück)
Für die Biskuitroulade:
6 Eier, 1 Prise Salz
100 g Zucker
100 g Mehl
200 g Johannisbeergelee
Für die Füllung und Garnitur:
6 Blatt rote Gelatine
125 ml Johannisbeerlikör
100 g Zucker
250 ml trockener Sekt
500 g Sahne
2 Meringen-Schalen (Fertigprodukt)
Johannisbeerrispen für die Garnitur
1 EL Zitronensaft, 1 EL Zucker
Backpapier für das Blech

Kir Royal-Torte

1. Backofen vorheizen. Backblech mit Backpapier belegen. Eier trennen. Eiweiße mit Salz steif schlagen. Eigelbe mit Zucker schaumig rühren. Eischnee und Mehl unterheben. Den Teig auf dem Blech verstreichen. Im Ofen bei 220° (Mitte, Umluft 180°) 12 Min. backen.

2. Auf ein leicht angefeuchtetes, mit Zucker bestreutes Tuch stürzen, das Backpapier abziehen. Mit dem Gelee bestreichen, mit Hilfe des Tuchs von der langen Seite her aufrollen. Gelatine einweichen. Zucker mit Johannisbeerlikör erwärmen. Die Gelatine darin auflösen, den Sekt unterrühren. Kühl stellen. Sahne steif schlagen. Sobald die Johannisbeermasse geliert, löffelweise unterrühren.

3. Springform mit Frischhaltefolie auslegen. Roulade in 1 cm dicke Scheiben schneiden, auf den Boden der Form legen. Den Rand ebenfalls auskleiden. Johanisbeersahne darauf verstreichen. 4 Std. kühl stellen.

4. Aus der Form lösen. Meringen-Schalen zerbröseln, die Oberfläche damit bestreuen. Johannisbeeren in Zitronensaft und Zucker wälzen, den Kuchen damit garnieren.

Zubereitung: 1 Std.	Kühlzeit: 5 Std.
Backzeit: 12 Min.	Pro Stück ca.: 312 kcal

Für 1 runde Form von 1 l Inhalt
(16 Stück)
Für die Biskuit-Roulade:
6 Eier, 1 Prise Salz
100 g Zucker
100 g Mehl
150 g Erdbeerkonfitüre
Für die Creme:
8 Blatt Gelatine
2 EL Zitronensaft
3 Eigelbe
50 g Puderzucker
400 ml Maracuja- oder Pfirsichsaft
100 ml Maracuja- oder Mangosirup
300 g Sahne
Backpapier für das Blech
Zucker zum Bestreuen

Charlotte mit exotischer Fruchtcreme

1. Backofen vorheizen. Backblech mit Backpapier belegen. Eier trennen. Eiweiße mit Salz steif schlagen. Eigelbe mit Zucker schaumig rühren. Eischnee und Mehl unterheben. Den Teig auf das Blech streichen. Im Ofen bei 200° (Mitte, Umluft 180°) 10–12 Min. backen.

2. Auf ein leicht angefeuchtetes, mit Zucker bestreutes Tuch stürzen, das Backpapier abziehen. Konfitüre durch ein Sieb streichen, Biskuit damit bestreichen. Von der langen Seite her aufrollen.

3. Gelatine einweichen. Zitronensaft erhitzen, Gelatine darin auflösen. Eigelbe mit Puderzucker im Wasserbad dickcremig schlagen. Zunächst löffelweise Maracujasaft und -sirup, dann die Zitronengelatine einrühren. Zum Gelieren 20 Min. kühl stellen. Sahne steif schlagen. Sobald die Maracujacreme geliert, unterrühren.

4. Springform mit Klarsichtfolie auslegen. Roulade in 1 cm dicke Scheiben schneiden, die Form damit auslegen. Mit der Maracujacreme füllen. 3–4 Std. kühl stellen.

Zubereitung: 50 Min.	Kühlzeit: 20 Min. + 4 Std.
Backzeit: 12 Min.	Pro Stück ca.: 222 kcal

Für 2 Backbleche (24 Stück)
Für den Rührteig:
300 g weiche Butter
300 g Zucker
1 Päckchen Vanillezucker
6 Eier
300 g Mehl
1 TL Backpulver
Für die Füllungen:
250 g Aprikosenkonfitüre
400 g Marzipanrohmasse
200 g Puderzucker
2 EL Orangenlikör (z. B. Grand Marnier, ersatzweise Orangensaft)
100 g Zartbitterkuvertüre
1 EL Zucker
1 Würfel Kokosfett (20 g)
100 g Zartbitter-Fettglasur (Fertigprodukt)
Backpapier für die Bleche

Tipp

Den Kuchen kann man, in Folie gewickelt, mindestens 1 Woche aufbewahren.

Schichtkuchen

1. Den Backofen vorheizen. Die Backbleche mit Backpapier belegen.

2. Butter, Zucker und Vanillezucker schaumig schlagen. Die Eier einzeln unterrühren. Das Mehl mit Backpulver mischen und unterheben. Den Teig gleichmäßig auf den Backblechen verstreichen. Im Ofen bei 175° (Mitte, Umluft 160°) 10–15 Min. backen.

3. Die Arbeitsfläche mit Backpapier belegen und mit Zucker bestreuen. Die Teigplatten darauf stürzen, das Backpapier abziehen. Jede Teigplatte in drei gleich große Streifen schneiden.

4. 150 g der Aprikosenkonfitüre erwärmen. Die Marzipanrohmasse mit Puderzucker und Orangenlikör verkneten. Zwei Drittel der Marzipanmasse in Klarsichtfolie wickeln und beiseite legen. Das restliche Marzipan zwischen Klarsichtfolie in Größe eines Teigstreifens ausrollen.

5. Die Kuvertüre in Stücke brechen. 1 EL Zucker mit 3 EL Wasser erhitzen, mit Kuvertüre und Kokosfett zu einer glatten Masse verrühren.

6. Einen Teigstreifen mit Aprikosenkonfitüre bestreichen. Den zweiten Teigstreifen auflegen, mit Schokoladencreme bestreichen. Den dritten Teigstreifen und die Marzipanplatte auflegen. Den vierten Teigstreifen auflegen, mit Konfitüre bestreichen. Mit dem fünften Teigstreifen bedecken, mit Schokoladencreme bestreichen. Den letzten Teigstreifen aufsetzen.

7. Den Schichtkuchen in Klarsichtfolie wickeln, mit einem Brett oder einem anderen schweren Gegenstand beschweren und über Nacht kühl stellen.

8. 100 g Aprikosenkonfitüre erwärmen. Den Kuchen damit bestreichen. Das Marzipan zwischen Klarsichtfolie ausrollen und den Kuchen damit überziehen. Die Fettglasur im Wasserbad schmelzen lassen. In einen Gefrierbeutel füllen, ein winziges Loch einstechen und feine Linien auf die Kuchenoberfläche spritzen.

Varianten

Für die Füllung statt der Aprikosenkonfitüre Orangenmarmelade verwenden.
Den Kuchen mit Schokoladenglasur überziehen und mit Marzipanblättern verzieren. Oder – wie auf dem Foto – mit selbst hergestellten Schokoröllchen (s. S. 138) garnieren.

Zubereitung: 1 Std. 30 Min.
Backzeit: 15 Min.
Kühlzeit: 12 Std.
Pro Stück ca.: 400 kcal

Orangensavarin mit Früchten

Für 1 Savarinform oder Kranzform von 30 cm Ø (16 Stück)
Für den Hefeteig:
400 g Mehl
1 Päckchen Trockenhefe
100 g Butter
200 ml lauwarme Milch
75 g Zucker
4 Eier, 1 Prise Salz
Zum Tränken:
2 unbehandelte Orangen
3 EL Orangenmarmelade
4 EL brauner Zucker
2 EL weißer Rum (ersatzweise Orangensaft)
Für den Fruchtsalat:
1 Mango
1 Kiwi
100 g Kumquats
250 g Erdbeeren
1 EL Zitronensaft
2 EL Puderzucker
Fett und Mehl für die Form
Mehl zum Arbeiten

Tipps

Sie können den Fruchtsalat auch mit anderen Früchten der Saison zubereiten.
Frisch geschlagene Sahne mit Vanillezucker abschmecken und dazu servieren.
Statt des weißen Rums Orangenlikör verwenden.

1. Das Mehl mit Trockenhefe mischen. Die Butter zerlassen. Milch, Butter, Zucker und Eier verquirlen. Zum Mehl geben und rasch zu einem glatten Teig verkneten. Den Teig zugedeckt an einem warmen Ort 30 Min. zur doppelten Größe aufgehen lassen.

2. Inzwischen die Orangen heiß waschen, 1 EL Schale abreiben, den Saft auspressen. 100 ml Wasser mit Orangensaft, Orangenschale, 2 EL Orangenmarmelade und Zucker unter Rühren erhitzen. 5 Min. köcheln lassen. Den Rum unterrühren. Durch ein Sieb streichen.

3. Den Backofen vorheizen. Die Backform fetten, mit Mehl bestäuben. Den Hefeteig auf bemehlter Arbeitsfläche erneut durchkneten, in die Form füllen. Zugedeckt weitere 20 Min. gehen lassen. Im Ofen bei 180° (Mitte, Umluft 160°) in 30 Min. goldbraun backen.

4. Den Savarin 10 Min. in der Form abkühlen lassen. Aus der Form lösen, auf eine Platte legen und mit einem Holzstäbchen rundum einstechen. Den Orangensirup nochmals erwärmen. Den Savarin damit immer wieder beträufeln, bis der Sirup aufgebraucht ist. 1 Std. durchziehen lassen.

5. Die restliche Marmelade erwärmen, durch ein Sieb streichen und den Kuchen rundum damit bestreichen.

6. Die Mango schälen. Das Fruchtfleisch vom Stein lösen und in schmale Spalten schneiden. Die Kiwi schälen, halbieren und quer in Scheiben schneiden. Die Kumquats waschen, trockenreiben und in Scheiben schneiden. Die Erdbeeren waschen und je nach Größe halbieren oder vierteln. Die Früchte mit Zitronensaft und 1 EL Puderzucker vermischen. Den Fruchtsalat in die Mitte des Savarinringes füllen. Mit dem restlichen Puderzucker bestäuben.

Variante

Den Teig in 8 kleine Savarinförmchen füllen und backen. Mit Orangensirup beträufeln. 3 Orangen schälen, dabei die weiße Haut entfernen. Die Orangen vierteln und quer in Scheiben schneiden. Mit etwas Puderzucker und 2 EL Orangenlikör marinieren. 2 EL Pinienkerne leicht rösten und über dem Orangensalat verteilen. Orangensalat zu den Savarins servieren.

Zubereitung: 1 Std. 30 Min. | Ruhezeit: 2 Std.
Backzeit: 30 Min. | Pro Stück ca.: 235 kcal

Krokantkuchen

Für 1 Springform von 24 cm Ø
(12 Stück)
Für den Nuss-Rührteig:
200 g gemahlene Haselnüsse
4 Eier
50 g Zucker
100 g Puderzucker
50 g zerlassene Butter
Für den Krokant:
100 g Puderzucker
200 g gehackte Haselnüsse
Für die Füllung und den Guss:
4 EL Johannisbeergelee
1 ganz frisches Eiweiß
200 g Puderzucker
1 TL Zitronensaft
Backpapier für die Form

1. Den Backofen vorheizen. Das Backblech mit Backpapier belegen. Die Haselnüsse in einer Pfanne ohne Fett leicht rösten.

2. Eier trennen. Eiweiße steif schlagen, den Zucker einrieseln lassen. Eigelbe, Puderzucker und Zucker cremig rühren. Eischnee und Haselnüsse unterheben. In die Form füllen. Im Ofen bei 180° (Mitte, Umluft 160°) 40 Min. backen. Leicht abgekühlt aus der Form lösen, auskühlen lassen.

3. Puderzucker in einer Pfanne bei geringer Hitze schmelzen lassen. Die gehackten Haselnüsse gut untermischen. Den Krokant abkühlen lassen.

4. Den Kuchen einmal quer durchschneiden. Den unteren Boden mit 2 EL Gelee bestreichen. Mit etwas Krokant bestreuen. Den zweiten Boden aufsetzen und mit 2 EL Gelee bestreichen. Eiweiß steif schlagen, mit Puderzucker und Zitronensaft zu einem dickflüssigen Guss verrühren. Den Kuchen damit überziehen. Die Glasur etwas antrocknen lassen. Den Kuchen dekorativ mit Krokant bestreuen.

◷ Zubereitung: 1 Std.	
◷ Backzeit: 40 Min.	Pro Stück ca.: 441 kcal

Kaffee-Creme-Kuchen

Für 1 Springform von 24 cm Ø
(12 Stück)
Für den Biskuit:
2 Eier
50 g Zucker
50 g Mehl
1 EL Instant Kaffepulver
Für die Creme:
6 Blatt Gelatine
400 ml starker Kaffee
75 g brauner Zucker
100 g Kaffeesahne
400 g Sahne
2 EL Kaffeelikör (wer mag)
Schokoladenbohnen oder Schokoröllchen (Fertigprodukt)
Backpapier für die Form

1. Backofen vorheizen. Backform mit Backpapier belegen. Eier und Zucker weißcremig rühren. Mehl mit Kaffepulver mischen und unterheben. Den Teig in die Form füllen. Im Ofen bei 180° (Mitte, Umluft 160°) 15 Min. backen. Leicht abgekühlt aus der Form lösen, auskühlen lassen.

2. Gelatine einweichen. Kaffee, Zucker und Kaffeesahne aufkochen lassen. Bei geringer Hitze unter Rühren leise kochen lassen, bis sich der Zucker gelöst hat. Gelatine ausdrücken, im Kaffeesirup auflösen. Zum Gelieren in den Kühlschrank stellen.

3. Sahne steif schlagen, Kaffeelikör unterrühren – wer mag. Die Hälfte der Sahne unter die gelierende Kaffeecreme rühren. Einen Tortenring um den Biskuit legen. Die Kaffeecreme auf dem Boden verstreichen. 1 Std. kühl stellen.

4. Den Tortenring entfernen. Die restliche Sahne wolkenartig auf der Torte verteilen. Mit Schokoladenbohnen oder selbst hergestellten Schokoröllchen (s. S. 138) garnieren.

◷ Zubereitung: 1 Std.	◷ Kühlzeit: 1 Std. 30 Min.
◷ Backzeit: 15 Min.	Pro Stück ca.: 196 kcal

Tipps und Tricks

Know-how für Kuchenbäcker

Damit die Kuchen auch garantiert gelingen, empfehlen wir Ihnen, beim Nachbacken der Rezepte aus diesem Buch die angegebenen Mengen der einzelnen Zutaten, Backzeiten und -temperaturen genau einzuhalten. Denn schon 1 TL zu viel Backpulver, 2 EL zu viel Milch oder Wasser oder das Verrühren der Zutaten in anderer Reihenfolge kann zu einem komplett misslungenen Backergebnis führen.

Was nicht im Rezept steht

Verwenden Sie Weizenmehl Type 405 oder 1050, wenn nicht anders angegeben. Mischen Sie genau die angegebene Menge Backpulver unter das Mehl, bevor Sie es zugeben. Zu viel Backpulver lässt den Kuchen wunderbar aufgehen, doch am Ende der Backzeit fällt er wieder in sich zusammen.

Eier werden in verschiedenen Gewichtsklassen angeboten. Für die Rezepte in diesem Buch sind Eier der Klasse M optimal.

Ob Sie die Formen mit Backpapier belegen oder dünn mit Butter oder Margarine fetten, ist Geschmacksache. Hefeteig und Mürbeteigböden backen allerdings besser in gefetteten Formen. Nur nie Pflanzenöle zum Einfetten von Kuchenformen verwenden, diese vertragen die hohen Temperaturen nicht so gut und backen eventuell an!

Damit sich die Kuchen besser aus der Form lösen, nach dem Backen zunächst etwas abkühlen lassen – je nach Teig bis zu 1 Std. – und erst dann herauslösen. Auf ein Kuchengitter stürzen, das Backpapier abziehen und den Kuchen auskühlen lassen.

Kuchenteige

Rührteig

➤ Damit sich alle Zutaten zu einer cremigen Masse vereinigen, sollten Fett, Eier und Milch rechtzeitig aus dem Kühlschrank genommen werden, um Zimmertemperatur zu erreichen.

➤ Falls der Rührteig gerinnt, die Schüssel mit den Zutaten in ein warmes Wasserbad stellen und rühren, bis die Masse wieder glatt und cremig ist.

➤ Damit der Kuchen auf der Zunge zergeht, Butter oder Margarine mit dem Zucker immer so lange verrühren, bis sich der Zucker gelöst hat – 5 bis 10 Min.

➤ Die Eier am besten zügig und einzeln unterrühren.

➤ Rührteige nach Mehlzugabe nur noch kurz verrühren, damit der Teig locker bleibt und beim Backen schön aufgehen kann.

➤ Rührteig nach der Zubereitung sofort in die Form füllen und backen. Wenn er zu lange steht, besteht die Gefahr, dass der Kuchen zu trocken wird.

Biskuit

➤ Biskuitteige gelingen am besten, wenn man ganz frische Eier und gesiebtes Mehl verwendet. Die Eier sollten Zimmertemperatur haben.

➤ Man kann das Mehl auch im Verhältnis 1:1 durch Nüsse oder Mandeln ersetzen.

➤ Eischnee und Mehl am besten immer mit einem Schneebesen unterziehen, nie mit dem Handrührgerät unterrühren.

➤ Biskuitteige immer rasch zubereiten und dann sofort backen.

➤ Die aussagekräftigere Garprobe bei Biskuitteigen ist ein leichter Fingerdruck auf die Kuchenoberfläche kurz vor Ende der Garzeit: Wenn sich zunächst eine Delle bildet, sich der Teig aber dann sofort wieder nach oben wölbt, ist der Kuchen gar.

➤ Den gebackenen Biskuit etwa 10 Min. in der Form abkühlen lassen, vorsichtig aus der Form lösen, das Backpapier abziehen und den Kuchen auf einem Kuchengitter auskühlen lassen. Vor der Weiterverarbeitung am besten einige Stunden ruhen lassen.

➤ Um einen Biskuit zu teilen, in der gewünschten Höhe mit einem Messer einritzen, ein Küchengarn rund um den Einschnitt legen, die Enden überkreuzen und fest anziehen. Dabei wird der Boden gleichmäßig geteilt.

➤ Biskuitplatten für Biskuitrollen trocknen schnell aus und brechen leicht beim Aufrollen. Damit dies nicht passiert, unbedingt die angegebene Backzeit von 10–12 Min. einhalten. Nach dem Backen sofort auf ein angefeuchtetes, dünn mit Zucker bestreutes Küchenhandtuch stürzen, das Backpapier abziehen und die Teigplatte samt Tuch aufrollen.

Hefeteig

➤ Hefeteig gelingt besonders gut, wenn alle Zutaten Raumtemperatur – etwa 20° – haben. Außerdem darf der Teig bei der Zubereitung keine Zugluft bekommen.

➤ Flüssige Zutaten wie Wasser oder Milch immer nur lauwarm, niemals heiß zugeben. Sonst kann die Hefe nicht mehr arbeiten.

➤ Hefeteig muss vor dem Backen an einem warmen Ort zu doppelter Größe aufgehen. Gut funktioniert das im leicht vorgeheizten Backofen: Den Backofen auf 50° vorheizen, den Hefeteig zubereiten und im ausgeschalteten Ofen zugedeckt aufgehen lassen. Das geht meist in nur 15–20 Min.

➤ Hefeteig nicht zu lange ruhen lassen, sonst fällt er beim Backen evtl. zusammen. Sobald er sein Volumen verdoppelt hat, wie im Rezept beschrieben weiterverarbeiten.

➤ Zarter und feinporiger gelingt Hefeteig, wenn Sie ihn bereits am Vortag zubereiten und dann nicht bei Wärme gehen lassen, sondern zugedeckt für etwa 8 Std. in den Kühlschrank stellen. Diese Methode eignet sich auch gut für Plunderteig.

➤ Ein anderer Trick für ein besonders zartes Ergebnis ist, 1–2 EL Magerquark unter den Teig zu kneten.

Mürbeteig

➤ Eine Gelinggarantie für Mürbeteig sind Kühlschrank kalte Zutaten und schnelles Arbeiten.

➤ Mürbeteig wird »ölig«, wenn die Zutaten nicht kalt genug waren. In diesem Fall nicht Mehl, sondern eiskaltes Wasser unterkneten.

➤ Damit Mürbeteig besonders knusprig bäckt, vor dem Backen in Klarsichtfolie wickeln und 15–30 Min. in den Kühlschrank stellen.

➤ Mürbeteig lässt sich zwischen zwei Lagen Klarsichtfolie problemlos ausrollen. Die Folie abziehen und die ausgerollte Platte in die gefettete Kuchenform legen.

➤ Mürbeteig kann man problemlos 1–2 Tage in Klarsichtfolie im Kühlschrank aufbewahren.

➤ Mürbeteig lässt sich auch gut einfrieren und später backen: Die Teigkugel flach drücken, in einen Gefrierbeutel geben und bis zu 3 Wochen im Gefrierschrank aufbewahren.

Brandteig

➤ Wie viele Eier dem Brandteig zuzugeben sind, richtet sich nach der Größe der Eier. Evtl. müssen nicht so viele Eier verwendet werden, wie im Rezept angegeben, ausschlaggebend ist die Konsistenz des Teiges. Jedes Ei einzeln unterrühren. Wenn der Teig glänzt und feste Spitzen zieht, ist er optimal.

➤ Brandteig nach der Zubereitung möglichst schnell backen. Sonst entwickelt er nicht die typische, goldgelbe Farbe, sondern wird grau und zäh.

➤ Während des Backens die Ofentür nicht öffnen, sonst fällt der Brandteig zusammen.

➤ Brandteiggebäck immer kurz nach dem Backen, noch heiß aufschneiden. So kann der Dampf entweichen und das Gebäck bleibt schön knusprig.

➤ Brandteiggebäck wenn möglich immer erst unmittelbar vor dem Servieren mit Sahne oder Cremes füllen, damit der knusprige Teig nicht weich und feucht wird.

➤ Ungebackener Brandteig lässt sich sehr gut einfrieren (s. Mürbeteig).

Strudelteig

➤ Die Zutaten für einen Strudelteig immer mit den Händen, nicht mit der Küchenmaschine verkneten.

➤ Strudelteig reißt beim Ausziehen nicht, wenn man den Teig zuvor so lange knetet, bis nichts mehr an den bemehlten Händen kleben bleibt.

➤ Strudelteig kann man gut einige Stunden vor der Weiterverarbeitung zubereiten. Bis zur Verarbeitung luftdicht in einen Frischhaltebeutel einschlagen und kalt stellen.

➤ Fertig gefüllte Strudel lassen sich roh oder gebacken sehr gut einfrieren.

Baiser

➤ Bei der Zubereitung von Baiser darauf achten, dass die Arbeitsgeräte vollkommen fettfrei sind. Die Eiweiße steif schlagen und den Zucker nach und nach einrieseln lassen.

➤ Baiser gelingt am besten, wenn es auf Backpapier oder Alufolie bei schwacher Hitze im Ofen trocknet.

➤ Baiser ist fertig, wenn die Oberfläche eine schöne goldbraune Färbung hat.

➤ Gebackene Baisers an einem warmen Ort aufbewahren.

Tipps und Tricks für Kuchenbäcker

Eischnee schlagen

➤ Eiweiß wird nur fest, wenn die Schüssel und die Schneebesen des Handrührgeräts absolut fettfrei sind. Die Eier immer sauber trennen, denn auch Eigelb verhindert, dass das Eiweiß fest wird.

➤ Beim Schlagen von Eischnee immer nur so lange rühren, bis die Eiweiße schnittfest sind. Sonst fällt er rasch wieder in sich zusammen.

Creme mit frischen Eiern

Wenn die Füllung mit frischen Eiern zubereitet und nicht gebacken wird, immer ganz frische Eier verwenden. Der Kuchen sollte bald verzehrt und stets gut gekühlt werden.

Schokolade in der Mikrowelle schmelzen

Schokolade in Stücke brechen und in einem kleinen Mikrowellen geeigneten Gefäß bei 600 Watt maximal 1 Min. schmelzen lassen. Herausnehmen und glatt rühren.

Schokolade im Wasserbad schmelzen

Einen Topf zur Hälfte mit Wasser füllen und heiß werden lassen. Eine zum Topf passende Schüssel, am besten aus Edelstahl, so in den Topf hängen, dass sie etwa bis zur Hälfte im Wasser steht. Die klein gehackte Schokolade in die Schüssel geben und schmelzen lassen. Ab und zu umrühren. Vorsicht, dass kein Wasser in die Schokolade läuft, sonst wird sie klumpig. Zur Rettung 1 TL Öl oder Kokosfett unterrühren.

Schokolade reiben

Schokolade immer gut gekühlt auf der Handreibe oder mit der Küchenmaschine reiben. Je nach Rezept und Fingerfertigkeit kann man die Schokolade auch mit einem großen Messer in feine Stücke hacken.

Marzipan

Marzipanrohmasse für Rührteige und Cremes am besten gut kühlen und dann auf der Rohkostreibe fein reiben.

Gelatine

Blattgelatine in kaltem Wasser etwa 5 Min. einweichen, danach tropfnass bei milder Hitze auflösen.
Zunächst mit etwas Creme verrühren und erst dann in die restliche Creme einrühren. Die aufgelöste Gelatine nie direkt in kalte Cremes rühren, sonst entstehen die gefürchteten Klümpchen bzw. die warme Gelatine zieht in der kalten Creme Schlieren und die Creme geliert nicht.

Gelatine ersetzen

Wer auf Gelatine verzichten möchte, kann auf Gelier- und Bindemittel aus dem Reformhaus zurückgreifen. Ein pflanzliches Bindemittel ist Agar-Agar, das aus Meeresalgen gewonnen wird. Es muss zuerst in kalter Flüssigkeit verrührt und dann aufgekocht werden. Genau nach Packungshinweis arbeiten.

Beeren und Obst

➢ Wenn Sie keine frischen Johannisbeeren, Heidelbeeren, Brombeeren und Himbeeren bekommen, können Sie auch tiefgekühlte Früchte verwenden. Die Beeren auf dem vorbereiteten Tortenboden verteilen und mit Tortenguss überziehen.

➢ Bei Obstkuchen mit Früchten wie frischen Mangos, Aprikosen, Pfirsichen oder Stachelbeeren können Sie außerhalb der Saison ersatzweise meist auch konservierte Früchte aus Glas oder Dose verwenden. Statt frischer Kirschen schmecken auch Sauerkirschen oder Kaiserkirschen aus dem Glas.

➢ Noch harte Birnen oder Äpfel für Obstkuchen sollte man vordünsten. Den Saft 1 Zitrone mit 250 ml Wasser und 2 EL Zucker aufkochen. Die Birnen oder Äpfel darin 2 Min. dünsten.

Obstkuchen

➢ Blechkuchen mit Obst am besten in einem tiefen Backblech backen. Durch den hohen Rand bleibt der Kuchen in Form und es läuft kein Obstsaft über den Rand.

➢ Bei Obstkuchen auf die Qualität der Früchte achten. Die Früchte müssen reif und unbeschädigt sein.

Blindbacken

Manchmal ist es erforderlich, den Mürbeteigboden vor dem Belegen oder Füllen vorzubacken. Man nennt das Blindbacken. Dazu den Teig mit Backpapier belegen und etwa 500 g getrocknete Hülsenfrüchte darauf geben. Den Boden 10–15 Min. backen. Anschließend die Hülsenfrüchte und das Backpapier entfernen, den Boden belegen, wie im Rezept beschrieben, und fertig backen. Die Hülsenfrüchte können wieder verwendet werden.

Trockenfrüchte

Trockenfrüchte für Rührkuchen immer mit etwas Mehl bestäuben, bevor sie unter den Teig gehoben werden. So sinken sie während des Backens nicht ein. Rosinen zuvor unbedingt heiß waschen und gut abtropfen lassen.

Backzutaten aus dem Vorrat

Gut lagerfähige Backzutaten wie Mehl, Zucker, Backpulver, Vanillezucker und Stärke immer an einem kühlen, trockenen Ort in gut schließenden Gefäßen aufbewahren.

Nüsse aufbewahren

Gemahlene Nüsse werden aufgrund ihres hohen Fettgehalts schnell ranzig. Deswegen am besten immer erst unmittelbar vor der Weiterverarbeitung mahlen. Ganze Nüsse in angebrochenen Tüten in Gläser mit Schraubverschluss umfüllen. Kühl und trocken aufbewahren.
Reste von gemahlenen Nüssen innerhalb kürzester Zeit verwenden. Man kann sie auch gut verpackt im Tiefkühlfach lagern.

Mandeln abziehen

Ungeschälte Mandeln in kochendes Wasser geben, darin kurz aufkochen lassen. In einem Sieb etwas abtropfen lassen. Die Mandeln lassen sich jetzt leicht aus den Häutchen drücken. Vor der Weiterverarbeitung etwas trocknen lassen.

Haselnüsse häuten

Die Nüsse auf ein trockenes Backblech legen und im Backofen bei 200° erhitzen, bis sich die Häutchen lösen. Die Nüsse auf ein sauberes Tuch schütten und mit kreisenden Bewegungen abreiben.

Kuchen aufbewahren

➢ Obstkuchen und Torten am besten zugedeckt im Kühlschrank aufbewahren. Trockene Kuchen, die nicht gefüllt oder belegt sind, kann man unter speziellen Kuchenhauben oder in Folie eingeschlagen etwa 1 Woche aufbewahren.

➢ Je nach Teig und Belag schmecken einige Kuchen ganz frisch am besten, andere brauchen etwas Zeit, um ihr Aroma optimal zu entfalten. Biskuitkuchen, Brandteiggebäck und Kuchen aus Mürbeteig wie Käsekuchen, bei denen der Belag mitgebacken wird, schmecken ganz frisch am besten. Das gleiche gilt für leichtes Hefeteig-Gebäck, z. B. Blechkuchen mit Belag oder Hefezopf.

➢ Mürbeteigböden, die erst nach dem Backen belegt werden, schmecken am zweiten Tag besser als am Backtag. Rührteigkuchen und schwere Hefeteigkuchen wie der Gugelhupf gewinnen mit jedem Tag an Geschmack. Am besten schon zwei Tage vor dem Verzehr backen und bis zum Servieren gut verpackt aufbewahren. Aber nicht zu lange, nach einer Woche verlieren sie an Aroma und werden trocken.

Garprobe

Machen Sie grundsätzlich die Garprobe, bevor Sie den Kuchen aus dem Ofen nehmen: Ein Holzstäbchen in die dickste Stelle des Kuchens – am besten in der Mitte des Kuchens – einstechen und wieder herausziehen. Wenn kein Teig am Stäbchen haftet, ist der Kuchen gar. Klebt noch Teig am Stäbchen, den Kuchen noch kurze Zeit weiterbacken.

Tipps für beste Backerfolge

Backofen

Ober- und Unterhitze
Alle Temperatur- und Zeitangaben im Buch beziehen sich auf Backen mit Ober- und Unterhitze.
Für diese Garmethode ist das Vorheizen unerlässlich.

Backen mit Umluft
Die entsprechende Umlufttemperatur ist etwa 10% geringer und ist in jedem Rezept in Klammern angegeben. Beim Backen mit Umluft kann auf das Vorheizen verzichtet werden.
Bei sehr kurzen Backzeiten ist das Vorheizen aber auch bei Umluftherden empfehlenswert.

Gasherde
Die Temperaturen bei Gasherden variieren von Hersteller zu Hersteller. Welche Stufe Ihres Herdes der jeweils angegebenen Temperatur entspricht, entnehmen Sie bitte der Gebrauchsanweisung Ihres Herdes.

Backtemperaturen
Bei 100–120° trocknet Gebäck. Bei 170° backen Torten mit empfindlichem Belag, bei 170–190° Rühr-, Biskuit- und Sandkuchen, bei 200° Blechkuchen mit Belag sowie Brandteig. Kleingebäck und Blätterteig backen bei 200–225° und Gebäck, das sehr hohe Hitze verträgt (z. B. Pizza), bei 200–250°.
Bei allen Herden kann es zu herstellerbedingten Abweichungen der Backtemperatur kommen. Dadurch kann die Backdauer etwas länger oder kürzer sein als angegeben. Deswegen ist es empfehlenswert, eine Garprobe (Stäbchenprobe) auch schon kurz vor Ende der Garzeit zu machen – in jedem Fall, bevor man den Kuchen aus dem Ofen nimmt.

Einschubleiste
Bei allen Rezepten in diesem Buch ist die optimale Einschubhöhe angegeben. Als Faustregel gilt: Hohe Kuchen und Torten in der Backform auf einem Gitter unten backen, flache Kuchen wie Mürbeteigböden oder Blechkuchen in der Mitte und Kleingebäck in der oberen Einschubleiste.

Kuchenformen

Das aktuelle Angebot an kreativen Kuchenformen ist groß – neben den Klassikern gibt es z. B. spezielle Formen für Kuchen in Herzform, Rosettenformen und viele mehr. Entscheidender für das Backergebnis ist aber nicht die Form, sondern das Material, aus dem die Backform hergestellt ist.

Weißblech-Formen
Weit verbreitete Klassiker und typische Einsteiger-Formen. Die Oberfläche reflektiert die Hitze gut, leitet sie aber nicht aktiv weiter. Dadurch gart der Kuchen nur mit zart gelbem Ton und bräunt kaum. Ein Nachteil dieser Modelle ist auch, dass die Wärmeverteilung im Backgut nicht so gleichmäßig ist wie bei anderen Formen. Weißblech-Formen sind besonders gut für Gasöfen geeignet.

Antihaft-Formen
In guten Formen mit Antihaft-Beschichtung backt nichts an. Kuchen lassen sich nach dem Backen mühelos aus der Form lösen. Dank hervorragender Wärmeleitung bräunt das Backgut gleichmäßig. Achten Sie beim Einkauf auf eine schnittfeste Beschichtung.

Flexible Formen
Noch recht neu sind flexible Formen aus Silicon. Diese muss man nur einmal einfetten und dann nie wieder – trotzdem bleibt der Teig nicht haften. Und dank der flexiblen Form lässt sich der Kuchen nach dem Backen auch gut lösen. Beachten Sie die Herstellerangaben: Manche Modelle sind Energiespar-Formen.

Energiespar-Formen
Dank wärmespeichernder Eigenschaften der Backformen backen Kuchen und Torten in den meist beschichteten Formen mit einer Zeitersparnis von bis zu 30 Prozent gegenüber Weißblechformen. Falls Sie die Rezepte aus diesem Buch in Energiespar-Formen backen, beachten Sie bitte die Herstellerangaben zur Form und reduzieren Sie entweder Backtemperatur oder -zeit entsprechend!

Schwarz lackierte Formen
Außen und innen mit hoch hitzebeständigem schwarzen Lack versehene Formen besitzen gute Antihaft-Wirkung und hervorragende Backeigenschaften. Die Kuchen garen sehr gleichmäßig und mit schöner Bräunung. Bitte beachten Sie die Herstellerangaben, evtl. verfügen die Formen über Energie sparende Eigenschaften.

Gusseisen-Formen
Gusseisen speichert die aufgenommene Wärme sehr gut und gibt sie dann langsam aber gleichmäßig an das Backgut weiter. In diesen Formen bräunen die Kuchen sehr schön und gehen toll auf, doch sie benötigen oft eine längere Backzeit.

Keramik- und Glas-Formen
In Keramik-Formen bäckt man Kuchen und Tortenböden, die eine schöne Kruste erhalten sollen. Auch bei diesen Formen ist mit einer längeren Backzeit zu rechnen, weil die Materialien die Hitze schlecht weitergeben.

Die schönsten Deko-Ideen

Puderzucker
Puderzucker immer durch ein Sieb auf den Kuchen stäuben, je nach Vorliebe hauchdünn oder in einer dicken Schicht. Sie können schöne Muster erzielen, indem Sie Schablonen aus Papier auf die Kuchenoberfläche legen und dann nur die Zwischenräume mit Puderzucker bestäuben. Die Schablonen anschließend wieder ganz vorsichtig entfernen.

Puderzuckerglasur
Mit weißem Zuckerguss überzogen wirken Rührkuchen gleich noch viel edler. Für diese Glasur 200 g Puderzucker mit 4 EL Flüssigkeit zu einem zähflüssigen Guss verrühren. Als Flüssigkeit ganz nach Belieben Wasser, lauwarme Milch, Saft oder Alkohol verwenden. Den Guss von der Mitte des Kuchens nach außen hin auftragen.

Aprikotieren
Aprikotage verleiht jedem Kuchen einen schönen Glanz. 150 g Aprikosenkonfitüre erwärmen, durch ein Sieb streichen und den Kuchen damit gleichmäßig überziehen. Wenn Sie den Kuchen aprikotieren, bevor dieser mit Zuckerguss überzogen wird, strahlt der Guss besonders weiß.

Spritzglasur
1 ganz frisches Eiweiß halbsteif schlagen. 250 g Puderzucker unter Rühren nach und nach einrieseln lassen. Die Glasur in einen Gefrierbeutel füllen, ein kleines Loch einstechen und mit der Glasur beliebige Muster auf den Kuchen spritzen.
Sie können auch zusätzlich zum Zucker etwas Lebensmittelfarbe einrühren und die Spritzglasur so ganz nach Wunsch einfärben.

Schokoladenguss
Schokoladenkuvertüre erhält einen besonders schönen Glanz, wenn sie nicht nur einmal, sondern zweimal erhitzt wird: 150 g Zartbitterkuvertüre grob hacken und im heißen Wasserbad mit 1 TL Öl unter Rühren schmelzen lassen. Etwas abkühlen lassen und erneut aber nur kurz erwärmen. Die Glasur von der Mitte aus über den Kuchen gießen und mit einer Palette glatt streichen.

Schokoröllchen oder -späne
Viel edler als Raspelschokolade aus dem Backregal kann man Kuchen mit selbst geschabten Schokospänen oder -röllchen verzieren. Die Zubereitung erfordert beim ersten Mal etwas Fingerspitzengefühl, ist aber nicht kompliziert. Zartbitterkuvertüre, Vollmilchkuvertüre oder weiße Kuvertüre grob hacken und unter Rühren im heißen Wasserbad schmelzen lassen. Sofort auf eine mit Öl gefettete Marmorplatte oder ein Backblech gießen und bei Zimmertemperatur fest werden lassen. Mit Hilfe eines kleinen Metallspatels, einer Backpalette oder eines Messers mit breiter Klinge in Röllchen von der Platte schaben.

Schokoladenblätter
Frische Rosenblätter waschen und mit Küchenpapier ganz vorsichtig sorgfältig trockentupfen. Zartbitterkuvertüre oder weiße Kuvertüre grob hacken und unter Rühren im heißen Wasserbad schmelzen lassen. Die Rosenblätter am Stiel halten und mit einer Seite in die geschmolzene Schokolade tauchen. Die Blätter mit der Schokoladenseite nach oben auf ein mit Backpapier belegtes Blech legen und die Kuvertüre fest werden lassen. Die echten Blätter ganz vorsichtig von den Schokoladeblättern lösen.

Geeiste Beeren
Johannisbeerrispen, Heidelbeeren oder andere Beeren Ihrer Wahl vorsichtig waschen und trockentupfen. Danach in Zitronensaft wenden und mit feinkörnigem Zucker bestreuen.

Kandierte Rosenblüten
Blüten oder Blütenblätter von gerade aufgeblühten, ungespritzten Rosen trockentupfen. 1 Eiweiß mit 2 EL Wasser verrühren. Die Blüten und Blätter damit bepinseln und vorsichtig mit feinkörnigem Zucker bestreuen. An einem warmen Ort trocknen lassen. Vor dem Gebrauch mit Puderzucker oder Dekorschnee (Fertigprodukt, Backwarenregal) leicht bestäuben.

Kandierte Früchte
In Süßwaren-Geschäften werden kandierte Zitronenscheiben, Orangenscheiben, Birnen, Kirschen angeboten, die sich eine Weile halten. Bei Überraschungsbesuch kann man damit eine optisch sehr schöne Dekoration für jeden Kuchen zaubern.

Zitruszesten
Für feine Dekorationen aus Zitruszesten eignet sich nur die Schale von unbehandelten Orangen, Zitronen und Limetten. Die Früchte gut waschen und mit Küchenpapier trockenreiben. Die Schale mit einem Zestenreißer in dünnen Streifen von der Frucht abziehen. Vor dem Garnieren leicht mit Zucker bestreuen.
Wer keinen Zestenreißer besitzt, kann die Schale der Zitrusfrucht mit einem scharfen Messer oder einem Sparschäler hauchdünn abschälen und mit einem scharfen Messer in sehr feine Streifen schneiden.

Kandierte Zitruszesten
Frische Zitruszesten sind zum Mitessen nicht geeignet, da sie sehr bitter schmecken. Anders, wenn man die Früchte zuvor kandiert: Die Schale in Zesten wie beschrieben von der Frucht lösen. In einem Topf mit schwerem Boden 100 g Zucker mit 100 ml Wasser unter Rühren zum Kochen bringen. Den Zuckersirup etwa 1 Min. kochen lassen, dabei nicht mehr rühren, damit der Zucker nicht kristallisiert. Die Zesten kurz in den Sirup legen, herausnehmen, auf eine Platte legen und trocknen lassen.

Rezeptregister von A–Z

Damit Sie Rezepte mit bestimmten Zutaten noch schneller finden, stehen in diesem Register zusätzlich auch beliebte Zutaten wie Ananas, Äpfel oder Zitronat – ebenfalls alphabetisch geordnet und halbfett gedruckt über den entsprechenden Rezepten.

A

After eight-Kuchen 60
Amarettini: New York Chocolate Cheesecake 100
Amerikaner 118
Ananas
- Ananas-Kokoskuchen 42
- Ananaskuchen 8

Ananaskonfitüre: Haitianischer Kokoskuchen 104
Äpfel
- Apfel-Biskuit-Kuchen 12
- Apfel-Karamellkuchen 35
- Apfeltarte mit Rahmguss 10
- Apfel-Walnusskuchen 8
- Bretonischer Apfelkuchen 86
- Hefeblechkuchen mit Früchten 56
- Hefekuchen mit Apfelrahmguss 46
- Russischer Apfelkuchen 90
- Versunkener Apfelkuchen 10
- Wiener Apfelstrudel 114

Aprikosen
- Aprikosen-Marzipankuchen 20
- Aprikosen-Schmand-Kuchen 35
- Früchtestrudel (Variante) 114
- Kolatschen 118
- Mohn-Aprikosenkuchen 36
- Rosenkuchen 80

Aprikosenkonfitüre
- Baumkuchen 120
- Schichtkuchen 126
- Schokoladenkuchen nach Sacher Art 122

Australischer Ingwer-Nusskuchen 86

B

Baiser-Törtchen 111
Bananen
- Bananenkuchen 62
- Karibischer Zimtkuchen 104

Barbarakuchen 60
Baskischer Kuchen 94
Baumkuchen 120
Beeren
- Eclairs mit Beerencreme (Variante) 24
- Sommerlicher Beerenkuchen 18

Birnen
- Birnen-Gitterkuchen 48
- Früchtestrudel (Variante) 114
- Gedeckter Birnenkuchen 20

Biskuit
- Apfel-Biskuit-Kuchen 12
- Bûche de Noel 98
- Charlotte mit exotischer Fruchtcreme 124
- Haitianischer Kokoskuchen 104
- Kaffee-Creme-Kuchen 130
- Käse-Sahne-Kuchen 112
- Kir Royal-Torte 124
- Klassischer Erdbeerkuchen 16
- Orangenkuchen 14
- Panamatorte 92
- Rehrücken 111
- Schwarzwälder Rolle 116
- Weiße Schokoladentorte 112

Blätterteig
- Apfel-Karamellkuchen 35
- Apfeltarte mit Rahmguss 10

Blitznusskuchen 34
Brandteig
- Eclairs mit Beerencreme (Variante) 24
- Windbeutel mit Fruchtcreme 24

Brasilianischer Kuchen 102
Bretonischer Apfelkuchen 86
Bûche de Noel 98

C/D/E

Charlotte mit exotischer Fruchtcreme 124
Crème fraîche
- Apfeltarte mit Rahmguss 10
- Pfirsichwähe 14
- Weiße Schokoladentorte 112

Donauwellen 54
Eclairs mit Beerencreme (Variante) 24
Eierlikörkuchen 61
Eierschecke: Trautels Eierschecke 48
Englischer Früchtekuchen 72
Erdbeeren
- Baiser-Törtchen 111
- Klassischer Erdbeerkuchen 16
- Orangensavarin mit Früchten 128

Espresso-Mascarponekuchen 110

F

Feigen: Früchtestrudel (Variante) 114
Frischkäse
- Himbeertarte 9
- New York Chocolate Cheesecake 100
- Pfirsichwähe 14

Früchtestrudel (Variante) 114

G

Gedeckter Birnenkuchen 20
Gefüllte Buchteln 78
Gewürzmuffins 70
Grieß: Joghurt-Grießkuchen 42
Gugelhupf 78

H

Haitianischer Kokoskuchen 104
Haselnüsse
- Blitznusskuchen 34
- Gewürzmuffins 70
- Kartoffelkuchen (Variante) 74
- Krokantkuchen 130
- Nusskuchen 61
- Österreichischer Mohnkuchen 94
- Pflaumenkuchen 30
- Preiselbeer-Sahne-Kuchen 110
- Rosenkuchen 80
- Rotweinkuchen 76
- Walliser Nusstorte 106
- Zucchinikuchen 76

Hefeteig
- Gefüllte Buchteln 78
- Hefeblechkuchen mit Früchten 56
- Hefekuchen mit Apfelrahmguss 46
- Kolatschen 118
- Mandelkuchen 38
- Orangensavarin mit Früchten 128
- Panettone 96
- Streuselkuchen 38
- Trautels Eierschecke 48
- Zwetschgenkuchen mit Walnuss-Streuseln 30

Heidelbeer-Quarkkuchen 36
Himbeerkonfitüre: Linzer Schnitten 50
Himbeerroulade (Variante) 116
Himbeertarte 9

I/J

Ingwer: Australischer Ingwer-Nusskuchen 86
Italienischer Ricottakuchen 84
Joghurt

Joghurt-Grießkuchen 42
Sommerlicher Beerenkuchen 18
Zitronenmuffins 70
Johannisbeeren
Johannisbeerkuchen mit Mandelbaiser 26
Schnelle Johannisbeertarte 26
Windbeutel mit Fruchtcreme 24

Kaffee-Creme-Kuchen 130
Kakaopulver: Preiselbeer-Sahne-Kuchen 110
Karibischer Zimtkuchen 104
Kartoffeln
Kartoffel-Orangenkuchen 74
Saftiger Kartoffelkuchen (Variante) 74
Käsekuchen 66
Käse-Sahne-Kuchen 112
Kekskuchen 122
Kir Royal-Torte 124
Kirschen
Donauwellen 54
Kirschkuchen mit Mandelstreuseln 40
Kirschmichel (Variante) 28
Kirsch-Sandkuchen 34
Rosas feiner Kirschkuchen 28
Schwarzwälder Rolle 116
Kiwis
Baiser-Törtchen 111
Orangensavarin mit Früchten 128
Klassischer Erdbeerkuchen 16
Kokosflocken
Ananas-Kokoskuchen 42
Gewürzmuffins 70
Haitianischer Kokoskuchen 104
Karibischer Zimtkuchen 104
Kokosmilch: Ananas-Kokoskuchen 42
Kolatschen 118
Krokantkuchen 130
Kumquats: Orangensavarin mit Früchten 128
Kuvertüre
After eight-Kuchen 60
Baumkuchen 120
Kartoffel-Orangenkuchen 74
Rehrücken 111
Schichtkuchen 126
Schokoladenschnitten 44
Schwarzwälder Rolle 116
Spanischer Vanillekuchen 88

Limetten: Mascarponekuchen 66
Linzer Schnitten 50
Linzer-Torte (Variante) 50

Mandelkuchen 38
Mandeln
Baskischer Kuchen 94
Englischer Früchtekuchen 72
Früchtestrudel (Variante) 114
Gefüllte Buchteln 78
Hefeblechkuchen mit Früchten 56
Italienischer Ricottakuchen 84
Johannisbeerkuchen mit Mandelbaiser 26
Karibischer Zimtkuchen 104
Kirschkuchen mit Mandelstreuseln 40
Linzer Schnitten 50
Mazarinkuchen 90
Möhrenschnitten 52
Orangenkuchen 62
Panamatorte 92
Rehrücken 111
Rosas feiner Kirschkuchen 28
Schnelle Johannisbeertarte 26
Schokoladenrührkuchen 68
Schokoladenkuchen 85
Schokoladenkuchen nach Sacher Art 122
Schokoladenschnitten 44
Spanischer Mandelkuchen 84
Spanischer Vanillekuchen 88
Toskakuchen 85
Trautels Eierschecke 48
Weiße Schokoladentorte 112
Mangokuchen 9
Marmorkuchen 64
Marzipan
Aprikosen-Marzipankuchen 20
Baumkuchen 120
Gefüllte Buchteln 78
Mazarinkuchen 90
Schachbrettkuchen (Variante) 64
Schichtkuchen 126
Spanischer Vanillekuchen 88
Stachelbeerkuchen 22
Mascarpone
Espresso-Mascarponekuchen 110
Mascarponekuchen 66
Windbeutel mit Fruchtcreme 24
Mazarinkuchen 90
Mohn
Kolatschen 118
Mohn-Aprikosenkuchen 36
Österreichischer Mohnkuchen 94
Möhrenschnitten 52
Muffins
Gewürzmuffins 70
Zitronenmuffins 70
Mürbeteig
Aprikosen-Marzipankuchen 20
Baskischer Kuchen 94
Birnen-Gitterkuchen 48
Gedeckter Birnenkuchen 20
Heidelbeer-Quarkkuchen 36
Himbeertarte 9
Johannisbeerkuchen mit Mandelbaiser 26
Karibischer Zimtkuchen 104
Käsekuchen 66
Kirschkuchen mit Mandelstreuseln 40
Klassischer Erdbeerkuchen 16
Mazarinkuchen 90
Pfirsichwähe 14
Rhabarberkuchen 22
Russischer Zupfkuchen 46
Walliser Nusstorte 106

New York Chocolate Cheesecake 100
Nusskuchen 61

Orangeat
Aprikosen-Schmand-Kuchen 35
Englischer Früchtekuchen 72
Panettone 96
Orangen
Kartoffel-Orangenkuchen 74
Orangenkuchen 14
Orangenkuchen 62
Orangensavarin mit Früchten 128
Österreichischer Mohnkuchen 94

Panamatorte 92
Panettone 96
Pekannüsse: Australischer Ingwer-Nusskuchen 86
Pfirsichwähe 14
Pflaumenkuchen (Variante) 56
Pflaumenkuchen 30
Pflaumenmus: Kolatschen 118
Pinienkerne: Früchtestrudel (Variante) 114
Plunderteig: Rosenkuchen 80
Preiselbeer-Sahne-Kuchen 110

Quark
Apfel-Biskuit-Kuchen 12
Apfel-Karamellkuchen 35
Birnen-Gitterkuchen 48

Eclairs mit Beerencreme (Variante) 24
Espresso-Mascarponekuchen 110
Heidelbeer-Quarkkuchen 36
Käsekuchen 66
Kolatschen 118
Mascarponekuchen 66
Pflaumenkuchen 30
Russischer Zupfkuchen 46
Trautels Eierschecke 48
Quark-Öl-Teig
Mohn-Aprikosenkuchen 36
Pflaumenkuchen 30
Quittenkuchen (Variante) 56

R

Rehrücken 111
Reis: Sieneser Reistorte 100
Rhabarberkuchen 22
Ricotta: Italienischer Ricottakuchen 84
Rosas feiner Kirschkuchen 28
Rosenkuchen 80
Rosinen
Englischer Früchtekuchen 72
Gefüllte Buchteln 78
Hefeblechkuchen mit Früchten 56
Panettone 96
Trautels Eierschecke 48
Rotweinkuchen 76
Rührteig
After eight-Kuchen 60
Amerikaner 118
Ananas-Kokoskuchen 42
Ananaskuchen 8
Apfel-Walnusskuchen 8
Bananenkuchen 62
Barbarakuchen 60
Baumkuchen 120
Blitznusskuchen 34
Brasilianischer Kuchen 102
Bretonischer Apfelkuchen 86
Donauwellen 54
Eierlikörkuchen 61
Englischer Früchtekuchen 72
Gewürzmuffins 70
Gugelhupf 78
Italienischer Ricottakuchen 84
Kartoffel-Orangenkuchen 74
Kirsch-Sandkuchen 34
Krokantkuchen 130
Linzer Schnitten 50
Mangokuchen 9
Marmorkuchen 64
Mascarponekuchen 66
Nusskuchen 61
Orangenkuchen 62
Preiselbeer-Sahne-Kuchen 110
Rosas feiner Kirschkuchen 28
Rotweinkuchen 76
Russischer Apfelkuchen 90
Sandkuchen 72
Schichtkuchen 126
Schnelle Johannisbeertarte 26
Schokoladenkuchen 68
Schokoladenrührkuchen 85
Schokoladenkuchen nach Sacher Art 122
Sommerlicher Beerenkuchen 18
Spanischer Mandelkuchen 84
Spanischer Vanillekuchen 88
Stachelbeerkuchen 22
Toskakuchen 85
Versunkener Apfelkuchen 10
Zitronenkuchen 52
Zitronenmuffins 70
Zucchinikuchen 76
Russischer Apfelkuchen 90
Russischer Zupfkuchen 46

S

Sahne
Apfel-Biskuit-Kuchen 12
Charlotte mit exotischer Fruchtcreme 124
Eclairs mit Beerencreme (Variante) 24
Espresso-Mascarponekuchen 110
Hefekuchen mit Apfelrahmguss 46
Kaffee-Creme-Kuchen 130
Karibischer Zimtkuchen 104
Käse-Sahne-Kuchen 112
Preiselbeer-Sahne-Kuchen 110
Schwarzwälder Rolle 116
Walliser Nusstorte 106
Weiße Schokoladentorte 112
Wiener Apfelstrudel 114
Windbeutel mit Fruchtcreme 24
Sandkuchen 72
Schachbrettkuchen (Variante) 64
Schichtkäse: Käse-Sahne-Kuchen 112
Schichtkuchen 126
Schmand
Aprikosen-Schmand-Kuchen 35
Rhabarberkuchen 22
Schnelle Johannisbeertarte 26
Schokolade
Bûche de Noel 98
Donauwellen 54
Eclairs mit Beerencreme (Variante) 24
Espresso-Mascarponekuchen 110
Himbeertarte 9
Kartoffelkuchen (Variante) 74
New York Chocolate Cheesecake 100
Panamatorte 92
Rotweinkuchen 76
Russischer Apfelkuchen 90
Spanischer Vanillekuchen 88
Weiße Schokoladentorte 112
Schokoladenrührkuchen 68
Schokoladenkuchen 85
Schokoladenkuchen nach Sacher Art 122
Schokoladenschnitten 44
Schwarzwälder Rolle 116
Sieneser Reistorte 100
Sommerlicher Beerenkuchen 18
Spanischer Mandelkuchen 84
Spanischer Vanillekuchen 88
Stachelbeerkuchen 22
Streuselkuchen 38

T

Toskakuchen 85
Trautels Eierschecke 48

V

Versunkener Apfelkuchen 10

W

Walliser Nusstorte 106
Walnüsse
Apfel-Walnusskuchen 8
Birnen-Gitterkuchen 48
Österreichischer Mohnkuchen 94
Sieneser Reistorte 100
Walliser Nusstorte 106
Wiener Apfelstrudel 114
Zwetschgenkuchen mit Walnuss-Streuseln 30
Weiße Schokoladentorte 112
Wiener Apfelstrudel 114
Windbeutel mit Fruchtcreme 24

Z

Zimtpulver: Karibischer Zimtkuchen 104
Zitronat
Englischer Früchtekuchen 72
Panettone 96
Spanischer Vanillekuchen 88
Zitronenkuchen 52
Zitronenmuffins 70
Zucchinikuchen 76
Zwetschgenkuchen (Variante) 56
Zwetschgenkuchen mit Walnuss-Streuseln 30

Obstkuchen 6

Apfel-Walnusskuchen 8
Ananaskuchen 8
Himbeertarte 9
Mangokuchen 9
Versunkener Apfelkuchen 10
Apfeltarte mit Rahmguss 10
Apfel-Biskuit-Kuchen 12
Orangenkuchen 14
Pfirsichwähe 14
Klassischer Erdbeerkuchen 16
Sommerlicher Beerenkuchen 18
Gedeckter Birnenkuchen 20
Aprikosen-Marzipankuchen 20
Stachelbeerkuchen 22
Rhabarberkuchen 22
Windbeutel mit Fruchtcreme 24
Schnelle Johannisbeertarte 26
Johannisbeerkuchen mit Mandelbaiser 26
Rosas feiner Kirschkuchen 28
Zwetschgenkuchen mit Walnuss-Streuseln 30
Pflaumenkuchen 30

Klassiker vom Blech 32

Kirsch-Sandkuchen 34
Blitznusskuchen 34
Apfel-Karamellkuchen 35
Aprikosen-Schmand-Kuchen 35
Mohn-Aprikosenkuchen 36
Heidelbeer-Quarkkuchen 36
Streuselkuchen 38
Mandelkuchen 38
Kirschkuchen mit Mandel-Streuseln 40
Ananas-Kokoskuchen 42
Joghurt-Grießkuchen 42
Schokoladenschnitten 44
Hefekuchen mit Apfelrahmguss 46
Russischer Zupfkuchen 46
Birnen-Gitterkuchen 48
Trautels Eierschecke 48
Linzer Schnitten 50
Möhrenschnitten 52
Zitronenkuchen 52
Donauwellen 54
Hefeblechkuchen mit Früchten 56

Aus der Form 58

After eight-Kuchen 60
Barbarakuchen 60
Eierlikörkuchen 61
Nusskuchen 61
Orangenkuchen 62
Bananenkuchen 62
Marmorkuchen 64
Käsekuchen 66
Mascarponekuchen 66
Schokoladenrührkuchen 68
Zitronenmuffins 70
Gewürzmuffins 70
Sandkuchen 72
Englischer Früchtekuchen 72
Kartoffel-Orangenkuchen 74
Zucchinikuchen 76
Rotweinkuchen 76
Gugelhupf 78
Gefüllte Buchteln 78
Rosenkuchen 80

Aus aller Welt 82

Spanischer Mandelkuchen 84
Italienischer Ricottakuchen 84
Toskakuchen 85
Schokoladenkuchen 85
Bretonischer Apfelkuchen 86
Australischer Ingwer-Nusskuchen 86
Spanischer Vanillekuchen 88
Russischer Apfelkuchen 90
Mazarinkuchen 90
Panamatorte 92
Baskischer Kuchen 94
Österreichischer Mohnkuchen 94
Panettone 96
Bûche de Noel 98
New York Chocolate Cheesecake 100
Sieneser Reistorte 100
Brasilianischer Kuchen 102
Karibischer Zimtkuchen 104
Haitianischer Kokoskuchen 104
Walliser Nusstorte 106

Festtags-Kuchen 108

Espresso-Mascarponekuchen 110
Preiselbeer-Sahne-Kuchen 110
Rehrücken 111
Baiser-Törtchen 111
Käse-Sahne-Kuchen 112
Weiße Schokoladentorte 112
Wiener Apfelstrudel 114
Schwarzwälder Rolle 116
Amerikaner 118
Kolatschen 118
Baumkuchen 120
Schokoladenkuchen nach Sacher Art 122
Kekskuchen 122
Kir Royal-Torte 124
Charlotte mit exotischer Fruchtcreme 124
Schichtkuchen 126
Orangensavarin mit Früchten 128
Kaffee-Creme-Kuchen 130
Krokantkuchen 130

Impressum

Programmleitung: Doris Birk
Leitende Redakteurin: Birgit Rademacker
Redaktion, Text: Anne Taeschner
Lektorat: Bettina Bartz, Anne Taeschner
Umschlaggestaltung: Independent Medien Design
Fotografie: Fotos mitgeschmack, Alling bei München
Produktion: Petra Roth
Satz: Johannes Kojer, München
Reproduktion: Fotolito Longo, Bozen
Druck: Appl, Wemding
Bindung: Conzella, Pfarrkirchen

ISBN 3-7742-6073-7

Auflage	4.	3.	2.	1.
Jahr	2006	05	04	03

Christa Schmedes
Christa Schmedes ist eine Meisterin süßer Genüsse, und man schmeckt sofort, dass Backen eine ihrer großen Leidenschaften ist. Besonders beeindruckend ist, wie sie mit wenigen Zutaten immer wieder neue tolle und doch einfache Rezepte kreiert. Deshalb wird sie als freie Mitarbeiterin namhafter Food-Zeitschriften und als Buch-Autorin sehr geschätzt, ihre Rezeptideen seit mehr als 15 Jahren nachgefragt. Außerdem hat sie ein gutes Gespür für schöne Arrangements, das sie als Food-Stylistin in bekannten Fotostudios immer wieder gerne unter Beweis stellt.

Fotos mitgeschmack
Food Fotografie
Ulrike Schmid und Sabine Mader leben mit Ihren Familien mitten im »Fünf Seen-Land«, zwischen Starnberger See und Ammersee. Hier finden sie in ihrem Tageslicht-Studio die nötige Inspiration für ihre anspruchsvolle, gemeinsame Arbeit. Ihre große Liebe zu gutem Essen und stimmungsvollem Ambiente prägen das Wirken der beiden Fotografinnen. Und wenn es das Wetter und der Auftrag zulassen, fotografieren sie auch gerne unter freiem Himmel. Ihr herzliches Dankeschön gilt den Foodstylistinnen für die kreative Zusammenarbeit an diesem Buch.

Titelbild: Panettone- Variante, S. 96

Das Original mit Garantie

Ihre Meinung ist uns wichtig. Deshalb möchten wir Ihre Kritik, gerne aber auch Ihr Lob erfahren. Um als führender Ratgeberverlag für Sie noch besser zu werden. Darum: Schreiben Sie uns!
leserservice@graefe-und-unzer.de
Wir freuen uns auf Ihre Post und wünschen Ihnen viel Spaß mit Ihrem GU-Ratgeber.

Unsere Garantie: Sollte ein GU-Ratgeber einmal einen Fehler enthalten, schicken Sie uns das Buch mit einem kleinen Hinweis und der Quittung innerhalb von sechs Monaten nach dem Kauf zurück. Wir tauschen Ihnen den GU-Ratgeber gegen einen anderen zum gleichen oder ähnlichen Thema um.

Ihr Gräfe und Unzer Verlag
Redaktion Kochen
Postfach 86 03 25
81630 München
Fax: 0 89/4 19 81 - 113

GRÄFE UND UNZER
Ein Unternehmen der
GANSKE VERLAGSGRUPPE